Manual para elaborar manuales de políticas y procedimientos

Tercera edición: mejorada y enriquecida

Martín G. Álvarez Torres

Manual para elaborar manuales de políticas y procedimientos

Tercera edición: mejorada y enriquecida

La guía más práctica y efectiva del mercado para:

Incrementar las ventas, las utilidades y los resultados estratégicos del negocio.

Organizar el desorden administrativo.

Eliminar el desperdicio organizacional.

Multiplicar los conocimientos y la experiencia del personal que trabaja dentro de la organización.

Elaborar los manuales de una franquicia.

Elaborar los documentos controlados para certificarse con las normas ISO 9000, ISO/TS 16949, OHSAS 18000 y cualquier otro tipo de sistema de gestión.

empresa

Respete el derecho de autor.
No fotocopie esta obra.

CeMPro

Centro Mexicano de Protección y Fomento
a los Derechos de Autor
Sociedad de Gestión Colectiva

Manual para elaborar manuales de políticas y procedimientos
Tercera edición: mejorada y enriquecida
Martín G. Álvarez Torres

Primera reimpresión: Panorama Editorial, 2016
Tercera edición: Panorama Editorial, 2015

D. R. © 2016, Panorama Editorial, S. A. de C. V.
      Manuel María Contreras 45-B, colonia San Rafael,
      06470, Ciudad de México

Teléfono: 55 54 70 30
e-mail: ventas@panoramaed.com.mx
www.panoramaed.com.mx

Texto © Martín G. Álvarez Torres
Ilustración portada © PointaDesign, usada para la licencia de Shutterstock.com

ISBN: 978-607-452-499-4

Impreso en México

Más que la cantidad de conocimientos que tenemos, es el uso correcto de los que poseemos.

ANÓNIMO

Dedico este manual a las personas que lleguen hasta el final de este diagrama de flujo.

MARTÍN G. ÁLVAREZ TORRES

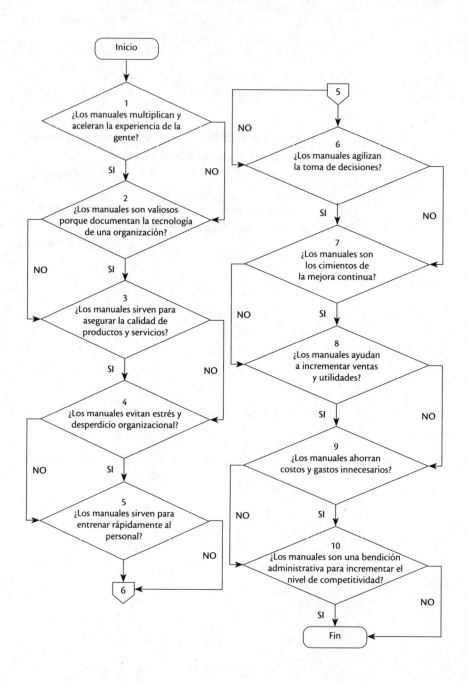

Índice

Todos los ejemplos son ilustrativos y con fines didácticos y académicos. Algunas de las empresas, nombres y puestos son ficticios. De las empresas reales se cuenta con la autorización por escrito del representante legal para utilizar, sin fines de lucro, su logotipo e imagen institucional.

Agradecimientos

> Noé fue hombre justo. Resultó exento de falta entre sus contemporáneos. Noé andaba con el Dios [verdadero]... Haz para ti un arca de madera de árbol resinoso. Harás compartimentos en el arca, y tendrás que cubrirla por dentro y por fuera con alquitrán. Y de esta manera la harás: trescientos codos la longitud del arca, cincuenta codos su anchura, y treinta codos su altura. Harás un tsóhar [techo o ventana] para el arca, y la completarás hasta el punto de un codo hacia arriba, y pondrás la entrada del arca en su costado; la harás con un [piso] bajo, un [piso] segundo y un [piso] tercero... Y Noé procedió a hacer conforme a todo lo que le había mandado Dios. Hizo precisamente así.
>
> GÉNESIS 6, 9-22

Agradezco profundamente a empresarios, directivos y consultores la oportunidad de trabajar con ellos en diversos proyectos de consultoría y por compartirme, abundante y altruistamente, sus conocimientos y experiencia que, junto con mi sed de aprender y enseñar, me permiten cumplir este sueño de tener un nuevo manual para elaborar políticas y procedimientos, versión 3.0, mejorado y enriquecido. Gracias particularmente a Carlos Roberts Ávalos, Héctor Blas Grisi Urroz† (q.e.p.d.), Jorge Caraballo Certucha, Enrique Desentis, Marcos Cado Hernández, Adriana Lobo, Manuel González Acuña, Jorge Ruiz Nakazone, Óscar Moreno Sánchez y Omar Bustos Rodríguez.

También agradezco a nuestros clientes que nos permitieron elaborar sus manuales de políticas y procedimientos y llevarlos, en muchos casos, a la certificación de sus sistemas de gestión: Comercializadora de Autopartes Calderón, Coneval, Degasa, Farmart, GCIT, Grisi, Indesol, Transconsult, CTS EMBARQ, Solidez Hipotecaria, Refaccionaria Roma,

Tap Clean, Construmac, El Fogoncito, Renovadora Zuca y Eberspächer Climate Control Systems, entre otras.

Agradezco a mis lectores por adquirir esta nueva edición y estar dispuestos a poner en práctica estos conocimientos y experiencias.

Finalmente, le agradezco a Jehová Dios, a mi esposa Lucero y a mis cuatro hijos (Luis Gerardo, Irina Maroly, Karol Jacqueline y Daniel Abraham) por permitirme concluir esta tercera edición tan anhelada por mí.

Cordialmente, su amigo,
Martín G. Álvarez Torres

Algo de conocimiento y experiencia prácticos para todo el mundo

(know how)

Mientras más aprendo, más me doy cuenta de que no sé / Albert Einstein

La clave de la supervivencia es aprender a agregar valor, hoy y siempre / Andrew Grove

La cortesía es a la naturaleza humana lo que el calor es a la cera / Arthur Schopenhauer

El secreto del éxito es la constancia de propósito / Benjamin Disraeli

Cuando tu trabajo habla por sí mismo, no interrumpas / Henry J. Kaiser

La mediocridad es producto de fallas en la gestión, no en la tecnología / Jim Collins

La ciencia se compone de errores que, a su vez, son los pasos hacia la verdad / Julio Verne

Los ganadores cometen más errores que los perdedores / Michael Hammer

Con el talento se ganan partidos, con el trabajo en equipo y la inteligencia, campeonatos / Michael Jordan

La experiencia no tiene valor ético alguno, es simplemente el nombre que damos a nuestros errores / Oscar Wilde

Todos los hombres estamos hechos del mismo barro, pero no del mismo molde / Proverbio mexicano

Leer buenos libros es como conversar con los grandes hombres del siglo pasado / René Descartes

No se debe juzgar a un hombre por sus cualidades sino por el uso que hace de ellas / François de La Rochefoucauld

Para convertir las ideas interesantes y la tecnología incipiente en una empresa continuamente innovadora, se necesita disciplina / Steve Jobs

Los mejores líderes, casi sin excepción y en todo nivel, son maestros en el arte de narrar historias y usar símbolos / Tom Peters

Nadie es tan inteligente como todos juntos / Tom Petzinger

El éxito es la utilización máxima de la habilidad que tienes / Zig Ziglar

Prefacio y mejoras de la tercera edición

> Caminante no hay camino, se hace camino al andar.
>
> ANTONIO MACHADO

Estimado lector, terminar esta tercera edición fue mi ilusión. Desde el año 2008, cuando *Manual para elaborar manuales de políticas y procedimientos* se editó por segunda vez, salió a la luz pública y continuó siendo utilizado por organizaciones tanto para elaborar manuales de políticas y procedimientos como para desarrollar los *documentos controlados* de sistemas de gestión basados en las normas ISO 9000 (calidad), ISO 14000 (ambiental), así como sistemas basados en la especificación técnica ISO/TS 16949 (proveedores de la industria automotriz) y OHSAS 18000 (seguridad y salud ocupacional), entre otras.

También sigue colocado como libro de texto en algunas universidades y cada año se ha vendido muy bien, mejor que muchos otros nuevos libros.

Después de acumular conocimientos y experiencias adicionales (es decir, muchos éxitos y errores, conscientes e inconscientes), presento una nueva edición de este manual para elaborar políticas y procedimientos, versión 3.0, que es 300% mejor por su contenido enriquecido.

Este manual le proporcionará a los principiantes, sencillez y eficiencia en la documentación de sus procesos; a los directivos, efectividad y certificación de sus procesos y, a los empresarios, utilidades, productividad y competitividad.

La primera edición se hizo en 1996, en 2008 se hizo la segunda y, desde entonces, se han hecho muchas reimpresiones, lo cual ha traído muchos beneficios académicos para los lectores: conocimientos, experiencia y productividad para las organizaciones que lo han utilizado y certificaciones ISO 9000, QS 9000, ISO 14000, OHSAS 18000 e ISO/TS 16949 para otras organizaciones. En Panorama Editorial es un *best seller* en la división de libros gerenciales.

Por supuesto, la experiencia acumulada en mis 25 años como consultor en temas con los que potenciamos y liberamos los recursos competitivos, humanos y empresariales de nuestros clientes, me ha permitido desarrollar metodologías prácticas de consultoría que han hecho sinergia entre ellas y han probado, con cada nuevo cliente que atendemos en Grupo Albe, ser efectivas y que la experiencia acumulada siempre beneficia a los clientes más recientes.

La metodología de consultoría que incluyo en esta tercera edición la perfeccioné con el paso de los años y se llama MODELO MANUALES®. Consta de cinco etapas:

1. Hacer diagnóstico de la estructura documental.
2. Elaborar los procedimientos y formatos maestros.
3. Diseñar la estructura documental.
4. Desarrollar los documentos controlados.
5. Difundir los manuales de políticas y procedimientos.

Con base en estas etapas diseñé cada uno de los capítulos principales de esta tercera edición. Por supuesto, cuando este manual se encuentre en circulación, ya tendré en mis servicios de consultoría una versión posterior y más completa tanto para elaborar los manuales de políticas y procedimientos como para asesorar a mis clientes en la certificación de sus sistemas de gestión. Así es, la experiencia de los consultores siempre va un paso adelante de sus clientes. Por eso digo que el último cliente que nos contrata sacará el mayor provecho de nosotros porque llegamos con toda la experiencia acumulada de proyectos anteriores.

Debido al tamaño y experiencia de los consultores, a algunos nos dicen *limoninhos, naranjinhos* o *toronjinhos* (*nh* se pronuncia como 'ñ').

Los aspectos que se incluyen en esta tercera edición son:

- Se mejoró significativamente el formato de los Anexos "A" y "B" y portada.
- Se corrigieron de fondo y de forma las codificaciones de los documentos.
- Se actualizaron fechas de revisión en los documentos controlados.

- Se actualizaron los currículums del autor y de Grupo Albe.
- Se agregaron algunas ligas de internet para complementar otros conceptos y metodologías.
- Incluye la metodología actualizada de consultoría de Grupo Albe denominada MODELO MANUALES®.
- El desarrollo de los capítulos se alinea a la metodología MANUALES®.
- En lugar de dedicar un capítulo a cada concepto, todos éstos (manuales, planes de calidad, organigramas, perfiles y descripciones de puesto, políticas, procedimientos, métodos, formatos, instructivos de llenado de formatos y especificaciones, y registros) se incluyeron en el capítulo 2, dedicado a elaborar los procedimientos y formatos maestros.
- Se mejoró el enfoque y profundidad de las preguntas para hacer el diagnóstico de la estructura documental de la etapa 1.

Por supuesto, el incremento del nivel de competitividad de las organizaciones no se da solamente con la elaboración de los manuales de políticas y procedimientos sino con el esfuerzo por trabajar de manera ordenada y simultánea en los diez principios de competitividad (para ver más detalles del modelo de consultoría denominado Diseño de Organizaciones Competitivas (MODELO DOC®), véase la metodología actualizada en nuestra página web, <www.grupoalbe.com>).

Los diez principios de competitividad

Principio número 1. De la estrategia empresarial. Implica que la organización tenga documentados los tres componentes de una estrategia empresarial: *1)* sus directrices estratégicas (visión, misión, disciplina y valores organizacionales de cada unidad estratégica de negocio); *2)* sus objetivos, metas e indicadores estratégicos (que servirán de base para diseñar e implementar el tablero de control (*balanced scorecard*); *3)* sus proyectos de mejora con el desglose de sus correspondientes programas de trabajo (que incluyan actividades de mejora, responsables, fechas de cumplimiento y presupuesto).

Principio número 2. De la planeación estratégica, operativa y financiera. Consiste en que la organización tenga metodologías definidas (que involucren tanto al nivel directivo como administrativo y operativo de la organización) para que año con año actualice su estrategia empresarial y tenga la oportunidad de revisar las necesidades y tendencias del medio ambiente interno y externo de la organización, y tenga claridad de la forma en cómo se da el seguimiento (diario, semanal, mensual, trimestral y anual) a la implementación de dicha estrategia a lo largo del año. Para mayores detalles puede acceder a los artículos incluidos en nuestro boletín electrónico mensual y a nuestra metodología de planeación estratégica (MODELO PLANES®) en nuestra página web: <www.grupoalbe.com>.

Principio número 3. De la posición competitiva frente a competidores. Consiste en que cada organización tenga la capacidad de autoevaluarse frente a la propuesta de valor proporcionada al cliente (mercado) y pueda hacer un *benchmark* en relación con sus principales competidores le dará una gran retroalimentación que le permitirá mantenerse en una adecuada posición competitiva.

Principio número 4. De la estructura organizacional. Consiste en que la organización tenga bien definido la cantidad y tipo de puestos requeridos para atender adecuadamente todos y cada uno de los procesos estratégicos y de apoyo que necesita para implementar su estrategia empresarial. Con este principio se define la cantidad de niveles jerárquicos, el nombre de los puestos (direcciones, gerencias, coordinaciones, etcétera), la cantidad de personal requerido en cada área, y la relación que existe entre todos los puestos.

Principio número 5. De las competencias laborales de los colaboradores. Consiste primero en definir y luego en evaluar las capacidades y habilidades de cada puesto autorizado dentro de la organización. Este conjunto de competencias se incluyen en el correspondiente perfil de cada puesto.

Principio número 6. De los procesos. Consiste en tener documentados los procesos estratégicos (relacionados con el cliente y con la generación de recursos económicos. Pueden ser los proceso de comercialización, producción, abastecimiento, logística, etcétera) y de apoyo (relacionados con el soporte de los procesos estratégicos). Pueden ser administración de los recursos financieros, humanos y tecnológicos, gestión de calidad, dirección, etcétera) de la organización para saber que resultados se genera en cada uno de ellos. Este manual para elaborar los manuales de políticas y procedimientos tercera edición explica muy bien todos los documentos controlados que se deben incluir en los manuales para tener completamente documentado un proceso (va desde el plan de calidad y los organigramas hasta las especificaciones y los registros).

Principio número 7. Del sistema de gestión. Consiste en dirigir, administrar y operar el negocio (la organización) con base en una norma de referencia que permita incorporar buenas prácticas y tener un enfoque global. Puede implicar solamente diseñar e implementar el sistema de gestión (por ejemplo iso 9000, iso 14000, ohsas 18000, empresas socialmente responsables, Malcom Baldrige, etcétera) o incluso llegar hasta la certificación correspondiente por parte de un organismo de tercera parte.

Principio número 8. De la mejora continua y la innovación. Consiste en que la organización se mantenga en la carrera competitiva actualizándose permanentemente con procedimientos, sistemas, productos, enfoques, metodologías y demás aspectos relacionados con las mejoras financieras, comerciales, administrativas, operativas, humanas y tecnológicas. Las mejoras son avances moderados que se realizan día por día, y la innovación son avances drásticos que realizan con menor frecuencia (tal vez año con año). Ambos, la mejora continua y la innovación, mantienen en movimiento a la organización. La velocidad de sus cambios depende de su posición en el mercado, si es líder debe mantener su distancia de los demás competidores, si es seguidor, se mantiene cerca de los líderes.

Principio número 9. De la sustentabilidad. Consiste en que la organización continúe existiendo en el futuro por medio de tener tres aspectos de sustentabilidad incluidos en estrategia empresarial: sustentabilidad económica (que tengas los recursos económicos para seguir operando), sustentabilidad social (que tengas los recursos humanos dentro y fuera de la organización) y sustentabilidad medio ambiental (que tenga los recursos naturales dentro y fuera de la organización).

Principio número 10. De la cultura organizacional. Consiste en que la organización tenga definida, difundida, evaluada y mejorada su filosofía, principios, valores y demás elementos sociales que permiten la cohesión de todos sus colaboradores. Todos dentro de la organización piensan, sienten y actúan de una forma homogénea.

Estos diez principios de competitividad en Grupo Albe son parte del diagnóstico de competitividad organizacional y los evaluamos por medio de calificar 100 indicadores cuantitativos, obtenidos de las entrevistas con los miembros del equipo directivo, del recorrido por las instalaciones (corporativo, oficinas, puntos de venta, sucursales o franquicias), de la evaluación del funcionamiento de los procesos (estratégicos y de apoyo) y de las respuestas proporcionadas por 100% de los colaboradores que contestan nuestra encuesta de competitividad vía internet.

De tal manera, en esta tercera edición pongo al servicio de la comunidad académica y empresarial mi mejor experiencia acumulada hasta este momento. Estoy seguro que, en otras partes, muchos otros consultores, empresarios, directivos, investigadores y profesores también están generando tecnología (*know how*) al respecto y, seguramente, en el camino nos seguiremos encontrando, unas veces aprendiendo y otras veces enseñando. Por mi parte, seguiré aportando lo que me va funcionando con mis clientes.

¿Te identificas?

Si algunas de las siguientes son tus circunstancias, estoy seguro que el presente manual te será de mucho beneficio personal y empresarial, pues te permitirá tener manuales prácticos y efectivos realizados o actualizados en un plazo muy corto (de tres a seis meses):

- No sabes cómo hacer manuales de políticas y procedimientos.
- Los procedimientos que has hecho son demasiado complejos.
- Nadie lee ni usa los manuales que hay en tu organización.
- No se han puesto en blanco y negro los conocimientos y experiencia de la gente que trabaja en tu organización y solamente depende de los *viejos gurús*, que todo lo saben.

- Necesitas tener una metodología efectiva que permita tener manuales de políticas y procedimientos completos.
- Estás buscando certificarte con las normas ISO 9000, QS 9000, ISO 14000, ISO/TS 16949, OHSAS 18000 u otras normas auditadas por un organismo de tercera parte.
- Necesitas manuales que te ayuden a alcanzar tus objetivos estratégicos (ventas, utilidades, servicio, entrega, calidad, satisfacción del cliente, ventas, administración, producción, compras, sistemas, recursos humanos, etcétera).
- Estás buscando franquiciar tu marca y concepto y quieres obtener ganancias de su *know how* y tecnología comercial.
- Necesitas acelerar el entrenamiento de personal de nuevo ingreso o promovido a puestos más especializados.
- Necesitas delegar responsabilidades, de manera confiable, en otras personas.
- Quieres aprender otros trabajos de una manera sencilla.
- Necesitas eliminar desperdicio organizacional, reducir costos y gastos.
- Necesitas incrementar la productividad personal y organizacional.
- Necesitas eliminar duplicidades, triplicidades, cuellos de botella y lagunas organizacionales.
- Quieres crecer de una manera ordenada, disciplinada y sistemática.
- Necesitas controlar áreas y procesos de alto riesgo humano, económico o tecnológico.
- Quieres controlar un corporativo o una planta, sucursal u oficina a corta y larga distancia.
- Quieres automatizar tus procesos.
- Quieres ser un mejor empresario y directivo.
- Quieres ser un mejor consultor e instructor en estos temas.
- Quieres ser un mejor asesor personal.
- Quieres compartir todos sus conocimientos con otros.
- Quieres complementar las estrategias de crecimiento y desarrollo empresarial de tu organización.

Cualquiera que sean las circunstancias por las que quieres hacer, documentar, rediseñar, mejorar o implantar tus manuales de políticas y procedimientos, te deseo el mayor de los éxitos.

Si logras convencer a los directores, gerentes, jefes de área o colaboradores para que trabajen juntos y simultáneamente en la elaboración de los manuales de políticas y procedimientos, estableciendo una fecha límite para tener todos los procesos documentados, crearás un ambiente de armonía y trabajo en equipo imparables. Al inicio de cada mes, a lo largo del proyecto, puedes presentar al líder de éste los avances correspondientes y ver cómo los documentos liberados van creciendo de 10 a 25%, de 40 a 75% y así sucesivamente hasta que por fin, el día límite, todos reciben la buena noticia de que 100% de los documentos controlados en todas las áreas y procesos están aprobados y difundidos de forma adecuada.

Recientemente tuvimos un cliente con el que definimos los sábados como el día de los manuales. De manera entusiasta, todas las áreas administrativas acudían por las mañanas y las áreas comerciales por las tardes, a la sala de capacitación a elaborar, revisar, validar y aprobar documentos controlados. La jefa de personal coordinaba todo muy bien y siempre había café, galletas y tortas gigantes de tal manera que, en un lapso de cuatro meses trabajando sostenidamente los sábados y avanzando con las tareas pendientes entre semana, los directores, gerentes, jefes, colaboradores y consultores terminamos la versión 01 en la fecha prometida.

También está el caso de otro cliente que nos dio su testimonial y nos dijo que lo que no pudo lograr en seis años, lo logramos en tres meses. ¿A qué se refería? A que Grupo Albe pudo elaborar rápida y efectivamente sus manuales de políticas y procedimientos.

Por supuesto, cada organización tiene su propia cultura organizacional, y es muy importante diseñar la mejor forma de elaborar los manuales de políticas y procedimientos para que la buena meta de tener documentados los procesos no se vuelva un martirio.

Hacer manuales de políticas y procedimientos es fácil si hay un esfuerzo sostenido por parte del director general, del dueño, del líder del proyecto y todos los involucrados, si hay una metodología y un despacho de apoyo con experiencia como Grupo Albe.

Hacer manuales de políticas no es lo primero ni lo último que se necesita para ser más competitivo pero, sin duda, no se puede ser una organización institucional estandarizada y competitiva si no se tienen documentadas las reglas, costumbres, normas, principios, directrices, lineamientos, estrategias y caminos que lleven al éxito. La época donde se dependía de las personas ya pasó a la historia; ahora es tiempo de depender de los sistemas de trabajo y de información que agilizan la toma de decisiones y el trabajo pesado y rutinario.

Te felicito por tu interés en compartir tus conocimientos y experiencias con la gente que está a tu alrededor y por tu interés en documentar los de otras personas. Sin duda, el mundo sólo podrá ir mejorando en la medida que conservemos la mejor experiencia.

Por cuestiones prácticas, a lo largo de este manual me referiré al término *organización* para identificar a las empresas pequeñas, medianas (PyMES), grandes, públicas, privadas, nacionales o trasnacionales, con o sin fines de lucro, de reciente creación o antigüedad en el mercado, con una o varias personas, con o sin razón social, personas físicas y personas morales.

Mucho agradeceré tus valiosas observaciones, comentarios y sugerencias, pues ello me ayudará a generar la versión 4.0 y seguir enriqueciendo la metodología para elaborar manuales de políticas y procedimientos.

Si tienes algún comentario, sugerencia u observación, será bienvenido en los siguientes números telefónicos de la ciudad de México (5255) 5310-0950, 5310-4993, o bien, en mi correo electrónico <malvarez@grupoalbe.com>.

Afectuosamente,
Martín G. Álvarez Torres

El mundo exige resultados. No les cuentes a otros
tus dolores de parto, muéstrales al niño.
INDIRA GANDHI

Cómo usar este manual

No hay mejor guía para el hombre que la luz de una conciencia pura.

ANÓNIMO

EL LECTOR DE ESTE MANUAL

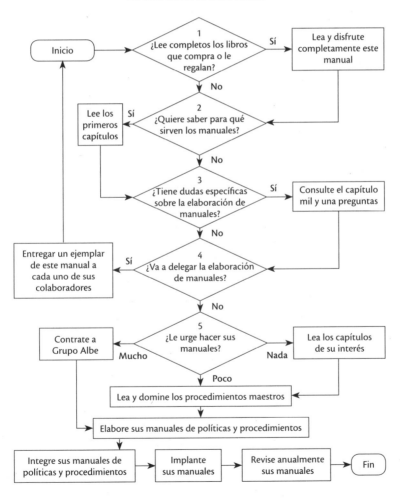

Introducción

Metodología de consultoría para elaborar
manuales de políticas y procedimientos
(MODELO MANUALES®) de Grupo Albe

> El conocimiento debe ser mejorado, desafiado y aumentado constantemente o desaparece.
>
> PETER DRUCKER

¿Qué cualidad de sus empleados y trabajadores es la que más aprecia una organización? Tal vez usted responda que es la lealtad, responsabilidad, entrega, puntualidad o alguna otra. Todas ellas son correctas, sin embargo, hay una que sobresale notablemente del resto: la experiencia. ¿Por qué? Porque con ella una persona resuelve problemas, ayuda a la organización a alcanzar sus objetivos de negocio y, sobre todo, a adquirir una buena posición competitiva en el mercado.

La experiencia es una cualidad que todas las personas buscan desarrollar porque, mediante ella, son reconocidas y valoradas en su trabajo. Hay más oportunidades para quien tiene un currículum vítae con mayores y mejores experiencias y competencias en la vida personal y profesional.

Cuando usted se enferma, seguramente piensa en buscar a un doctor especialista para que, de manera confiable, le haga un buen diagnóstico y sobre todo, le proporcione un buen medicamento o tratamiento que le devuelva la salud, ¿no es así? ¿Se imagina las consecuencias en salud, tiempo, dinero y esfuerzo al acudir con un novato, aprendiz o charlatán?

A comienzos del siglo XXI se intensificó el nivel de competitividad en los negocios. Los clientes buscan a los mejores proveedores, a aquellas organizaciones que cumplan cabalmente con sus exigencias. Buscan, en pocas palabras, a alguien en quien confiar. Hoy la calidad ya no es un lujo, sino una exigencia natural por parte de los clientes y del mercado. Por ello todo el mundo, incluyéndonos usted y yo, buscamos al mejor, al más preparado y experimentado. Buscamos a aquéllos en quienes podamos confiar plenamente, sean empleados, proveedores o doctores, ¿no es así? Buscamos a los expertos y a los especialistas, pues es más probable que ellos tengan más experiencia que alguien que dice *saber de todo*.

Los países como China o la India exigen que todo el mundo empresarial y comercial haga cada vez mejores productos a mejores precios. Nuevas circunstancias exigen nuevas soluciones.

El grado de experiencia de una persona u organización depende de su grado de conocimientos y la profundidad de entendimiento que tenga sobre una materia o tema en particular. Las personas experimentadas tienen el hábito de refinar continuamente las técnicas que utilizan, en pro de asegurar la calidad y los resultados de su trabajo. *Técnicas deficientes o mal empleadas dan excusas. Técnicas eficientes o bien empleadas dan resultados.*

En el ámbito de los negocios, el éxito de una organización depende de la efectividad del conjunto de técnicas que emplea cotidianamente para alcanzar sus resultados de negocio (participación de mercado, nivel de utilidades, desarrollo de nuevos productos, entrenamiento de personal, desarrollo de proveedores, etcétera). La planeación estratégica se combina con la planeación fiscal, el plan de mercadotecnia, el desarrollo de competencias laborales, el ERP, el BPM, la automatización de procesos, el abastecimiento estratégico, el desarrollo de franquicias y con todas las demás herramientas y disciplinas humanas y empresariales para asegurar el crecimiento económico y desarrollo organizacional.

Dentro de una organización la experiencia de cada directivo y colaborador es muy valiosa porque contribuye directamente al fortalecimiento de la experiencia de la organización. De hecho, la experiencia y las técnicas que usa conforman su tecnología. Si ésta se documenta adecuadamente, el valor de esta experiencia es invaluable para la propia organización porque, además de enriquecerse (técnicamente hablando), contiene una base de la cual partir para seguir creciendo y desarrollarse. Además, a partir de la tecnología actual, una organización facilita que su personal de nuevo ingreso o promovido pueda rápidamente generar más.

En la mayoría de las organizaciones, los colaboradores están dispuestos a aportar y recibir conocimientos y experiencia de los demás. De hecho, un alto porcentaje de colaboradores están deseosos de contribuir con la organización y dejar su huella. Sin embargo, lo que hace falta es solamente que pidan ayuda a alguien y les enseñe a poner en blanco y negro sus conocimientos y experiencias. Si a estas personas o colaboradores se les enseña a elaborar y documentar su experiencia a través de manuales de políticas y procedimientos, muy pronto la organización tendrá un cúmulo enorme de experiencia, a partir de la cual podrá generar tecnología invaluable que le dé una clara ventaja competitiva dentro de su mercado. *La tecnología de una organización va después de sus colaboradores, su activo más valioso. La* tecnología *son los conocimientos aplicados al desarrollo.* El financiero cuenta con la tecnología para maximizar las utilidades de la organización. El investigador cuenta con la tecnología para desarrollar productos efectivos y comercialmente aceptables. El director general cuenta con la tecnología para mantener el ritmo de crecimiento y desarrollo organizacional. Todos, dentro de la organización, pueden contar con la tecnología si tienen al menos tres años y medio desarrollando un puesto.

¿Se ha puesto a pensar cuánta experiencia y tecnología se invirtió con cada persona que sale voluntariamente o por circunstancias especiales de una organización, después de tres años y medio de antigüedad? ¿Cuánto tiempo, recursos y energía se invierten para capacitar a una persona de nuevo ingreso para que domine un puesto vacante? Y, sobre todo, ¿cuánta tecnología deja de generar esa organización? De acuerdo a estándares internacionales documentados en el Modelo de Competitividad Organizacional® (desarrollado por Grupo Albe), una persona tarda en promedio tres años y medio para dominar al 100% la tecnología del puesto en que se desempeña y es, a partir de ese momento, que dicha persona está lista para empezar a generar tecnología y hacer propuestas factibles de mejora. ¿A cuántas personas conoce usted, con esta antigüedad, que están desarrollando nuevos proyectos o están continuamente proponiendo mejoras o capacitando a otros? Ojalá que a muchos porque eso significaría que las organizaciones donde ellos trabajan, se preocupan por desarrollarlos profesionalmente y mejorar conscientemente su propio nivel de competitividad organizacional.

La tecnología dejará de evaporarse si se documenta adecuadamente en manuales (de organización, de métodos, de políticas y procedimientos, de sistemas, de gestión de la calidad, etcétera).

Lo que vende una franquicia es un concepto que ha probado su rentabilidad en un tipo específico de mercado y que, al franquiciarlo, pone ese tipo particular de tecnología (negocio) a disposición de nuevos empresarios a través de entrenamiento y manuales de operación y administración, de tal forma que los nuevos inversionistas puedan recuperar rápidamente su inversión. Gracias a la documentación y estandarización de la franquicia, ésta puede ser fácilmente reproducible en otros lugares, logrando multiplicarse y expandirse a un ritmo acelerado por encima del promedio de la industria.

¿Por qué es importante documentar la tecnología de una organización?

No documentar la tecnología en una organización equivaldría a que cada nueva generación de la humanidad empezara de cero para descubrir, redescubrir o inventar conocimientos, medicamentos, equipo electrónico, computadoras y tecnología. ¿Suena absurdo e ilógico empezar de cero? ¿Sí? Pues usted se sorprendería de saber que tal vez sólo 5% de las organizaciones aprovechan a manos llenas su tecnología directiva, administrativa y operativa. Estas organizaciones cuentan con manuales funcionales que documentan adecuadamente su tecnología y hay sistemas con mucha gente preparada para hacer frente a su mercado. Estas organizaciones ven como algo cotidiano multiplicar y documentar su nivel de experiencia organizacional.

El resto de las organizaciones (95%) depende de sus *expertos* y la actitud de las personas que ahí trabajan (lo cual, por sí solo, no es bueno ni malo; habría que tener el contexto adecuado para evaluarlo), haciendo que estas organizaciones sean altamente vulnerables, pues cuidan tan celosamente sus conocimientos, que ni siquiera los comparten con sus propios colaboradores. Si estos *expertos* se enferman, incapacitan, se van de vacaciones, se jubilan, renuncian, son promovidos o fallecen, afectan inmediata e inevitablemente el desempeño de la organización. Sin embargo, esos *expertos* también necesitan mayor crecimiento y desarrollo dentro de la propia organización involucrándolos en proyectos de mejora. Por su alta dependencia en las personas y no en los sistemas, éstas últimas son organizaciones altamente vulnerables a las presiones de sus competidores y a las exigencias de sus clientes.

> Si usted valora la experiencia de las personas y la tecnología que su organización está generando día con día al elaborar, actualizar y enriquecer

continuamente sus manuales propiciará que la riqueza tecnológica de su organización pueda ser aprovechada al máximo en beneficio propio.

Por supuesto, cuando los manuales documentan la tecnología de una organización, no pretenden suprimir las habilidades ni el sentido común de la gente que ahí labora. Lo que buscan es que, en lugar de que la gente ande diariamente apagando fuegos y desperdiciando su talento, se dedique a mejorar los sistemas de trabajo y el nivel de competitividad de la organización. Los manuales documentan la experiencia de la organización, incluyendo con claridad lo que ha probado ser útil para su tipo particular de negocio, considerando aquello que los procesos deben o no hacer para que éstos cumplan con su razón de ser de una manera más eficiente.

A través de la historia, el hombre ha creado y desarrollado miles de inventos y conocimientos que le han brindado una vida más cómoda, desde el descubrimiento del fuego hasta poder llevar al hombre a la Luna, pasando por el uso de la computadora y los avanzados sistemas de comunicación, como el iPhone, el iPad, etcétera. De hecho, en el último siglo, ha habido un crecimiento exponencial en la generación y disponibilidad de información, conocimientos y tecnología. Todo gracias al cúmulo de conocimientos y experiencia en los diferentes ámbitos de interacción del ser humano.

En el contexto de los negocios también han evolucionado las formas de dirigir y administrar a las organizaciones.

Definición de tecnología

El término *tecnología* tiene muchos significados, desde una connotación específica hasta una general. Desde el punto de vista específico, este término se asocia con la maquinaria, los medios mecánicos para la producción de bienes y servicios y el reemplazo del esfuerzo humano. En el sentido general, la tecnología se refiere al conocimiento acerca del desarrollo de ciertas tareas o actividades. En las sociedades avanzadas, la ciencia y la tecnología son los apoyos de la industrialización. En conjunto promueven una nueva forma para desarrollar el mundo.

> Una organización solamente puede ser competitiva cuando se mantiene actualizada, a la vanguardia en tecnología directiva y, sobre todo, cuando sus resultados estratégicos así lo demuestran.

Por lo tanto, si la tecnología es un conjunto de conocimientos aplicados al desarrollo, cuando hablamos de tecnología directiva nos referimos al conjunto de conocimientos que harán que una organización se desarrolle y sea altamente competitiva. Una organización que deja de incorporar conocimientos, tiende a volverse obsoleta, a perder participación de mercado, generar pérdidas y, en general y a corto plazo, a ser vulnerable y desplazada por los competidores.

De manera práctica, la tecnología directiva toma la forma de técnicas como las de planeación estratégica, tableros de control, sistemas de gestión (calidad, ambiental, seguridad), reingeniería, *benchmarking*, reducción de costos justo a tiempo, equipos de trabajo de alto rendimiento, *coaching*, competencias laborales, etcétera.

¿Cuál es el secreto de las organizaciones exitosas?

Se podrían dar muchas respuestas a esta pregunta. Podríamos decir que es la antigüedad en el mercado, su fuerza o sistemas de ventas, lo avanzado de su maquinaria, la innovación constante de productos, la cobertura que tiene de mercado o, simplemente, a la buena suerte. Sin embargo, ai analizar con mayor detenimiento éstas y otras respuestas, encontramos que todas ellas tienen un factor común y medular que las hace ser exitosas: la capacidad permanente de aprender a aprender.

Una organización no gubernamental, de la sociedad civil, que aprende a conseguir donativos, una organización que aprende a generar dinero, exportar su tecnología e integrar a la familia de sus colaboradores con el desarrollo de ésta, etcétera, siempre podrá salir adelante porque ha aprendido a aprender. Si la organización desconoce algo, está dispuesta a investigar y a aprender lo que sea necesario para enfrentar los retos y las situaciones que se le presentan.

Para aprender es necesario, en primer lugar, estar dispuesto a cambiar y vencer el miedo a experimentar. Por supuesto, la experimentación

debe ser controlada para medir y evaluar los resultados y factores que
contribuyen al éxito.

La organización debe aprender a utilizar, de una manera selecta y
práctica, la tecnología directiva que existe y está disponible en el mercado.
Esta tecnología debe ser generada continuamente por las universidades,
los consultores especializados y, sobre todo, las propias organizaciones.

> La tecnología directiva le brinda beneficios a
> una organización, siempre y cuando ésta le dé el
> tiempo y la oportunidad de producir sus frutos.

La tecnología directiva es indispensable para que una organización
continúe con su desarrollo. Por ello es muy importante que aproveche,
en primer lugar, los conocimientos y la experiencia de sus colaboradores, documentándolos adecuadamente por medio de manuales de
políticas y procedimientos. En segundo lugar, es menester que decida
cuál de toda la gama de técnicas que hay en el mercado es la que en este
momento necesita porque no todas las técnicas le son útiles el día de
hoy (mañana tal vez sí).

> ¿Una técnica es buena en función de que subsane las actuales necesidades de la organización y
> le dé resultados en el corto plazo? ¡Sí! Una buena técnica debe empezar a dar resultados desde
> el principio.

La selección de tecnología está en función de:

- La actual posición competitiva de la organización.
- Sus niveles de ventas y utilidades.
- Sus ventajas competitivas.
- La agresividad de sus competidores.
- La actual recesión del mercado.
- La capacidad y calidad de los recursos (técnicos, humanos, económicos) con los que cuenta.

Una organización que se preocupa por alcanzar sus resultados de negocio, y también por su salud, toma la iniciativa para mantenerse sana y revitalizada. ¡Esperar que una organización sane por sí sola puede ser mortal!

La contribución de los manuales a la competitividad organizacional

Aún cuando todas las organizaciones tienen políticas y procedimientos, la gran diferencia radica en si éstas aparecen o no por escrito, si están o no documentadas.

Por ejemplo, el Cirque du Soleil ha encontrado un gran nicho de mercado en todo el mundo llevando sus espectáculos con nombre y marca registrados. Sus espectáculos son conocidos mundialmente por sus complicadas acrobacias, creatividad, efectos de luz, sonido, música y escenografía, con lo que han conseguido entusiasmar a más de 150 millones de personas. La propuesta del Cirque du Soleil es redefinir las reglas del circo tradicional, innovando y buscando nuevos caminos. ¿Cómo aseguran la replicación simultánea de obras como *Alegría, Quidam, Dralion, Varekai, Corteo, Delirium* y *Saltimbanco* con una ejecución perfecta? Teniendo todo su *know how* por escrito y unos extraordinarios instructores decididos a llevar a la perfección cada trabajo ejecutado. No se puede dar el lujo de dejar algo a medias. Todo es consistente: el reclutamiento, el entrenamiento, la escenografía, los ensayos, los instructores, los colaboradores, las sesiones de trabajo, las ventas, etcétera.

De igual manera, una organización que es capaz de documentar los conocimientos y experiencias que le han dado éxito, seguramente está cien veces mejor preparada que otra que siempre anda improvisando y apagando fuegos. No quiero decir que la improvisación sea mala o innecesaria, lo que digo es que si siempre hay una base de la cual partir para hacer un trabajo, es seguro que se encontrarán mejores opciones que permitirán superar lo ya realizado.

Los manuales de políticas y procedimientos que están por escrito, son necesarios e imprescindibles para que toda la gente que trabaja dentro de la organización sepa cuál es su papel, cuáles sus responsabilidades y objetivos, quiénes son sus proveedores y clientes internos, cuáles son los productos que genera en su proceso y cómo se desarrollan los métodos y procedimientos para darle calidad y consistencia a sus productos y procesos.

Tener manuales de políticas y procedimientos contribuye directamente al incremento de competitividad de la organización porque los conocimientos y la experiencia documentados son los cimientos para seguir creciendo.

Por ejemplo, ¿cómo han logrado Starbucks, Subway y muchas franquicias seguir creciendo en número de unidades año con año? La respuesta es: documentando la experiencia de abrir una, cinco, 50 o 1 000 sucursales. Sería prácticamente imposible abrir y controlar tantas sucursales si no hubiese un dominio de la tecnología (*know how*) por parte de todos los colaboradores de esta organización. Y como dijo don Teofilito: "Voy por más".

Todas las organizaciones que documentan sus manuales de políticas y procedimientos, y tienen la buena costumbre de mantenerlos actualizados (cuando menos una vez al año) con los cambios del medio ambiente interno, el aprendizaje de los ocupantes del puesto, la automatización de los procesos, la incorporación de gente con mayores conocimientos y habilidades, siempre están uno o varios pasos adelante de quienes dependen de su buena memoria y la buena voluntad de la gente que trabaja para ellos.

Así que, sin importar la antigüedad de una organización, todas pueden documentar sus políticas y procedimientos. Obviamente, cuando se documenta un proceso del cual no existe una experiencia preliminar es importante que cada vez que se encuentre una mejor forma de hacer las cosas se documente rápidamente en la políticas, procedimientos o documentos correspondientes.

Contenido de un manual de políticas y procedimientos

Un manual de políticas y procedimientos debe contener solamente documentos controlados, es decir, que están sujetos a la revisión y aprobación de directores y gerentes y contengan un código de identificación.

Los manuales de políticas y procedimientos documentan los conocimientos y la experiencia (*know how*) de un proceso o área y, a partir de éstos, ayudan a que los colaboradores de la organización puedan alcanzar más y mejores resultados cuantitativos y cualitativos.

Cuadro 1. Contenido típico de un manual de políticas y procedimientos.

DOCUMENTO CONTROLADO	UTILIDAD PARA LAS PERSONAS Y LA ORGANIZACIÓN
1. Descripciones de puesto	Que los colaboradores realicen actividades de alto valor agregado que contribuyan en sus procesos al éxito global de la organización.
2. Especificaciones	Saber cuáles son los límites de calidad establecidos para los insumos y productos de un proceso.
3. Formatos	Guiar a los colaboradores en el tipo de información que se requiere recopilar para elaborar un documento o reporte y registrar el desempeño de un proceso.
4. Instructivos de llenado de formatos	Asegurarse de que la gente sepa cómo llenar los formatos al 100 por ciento.
5. Métodos	Que las personas, cuando trabajen solas en una actividad, hagan un trabajo y producto de calidad.
6. Organigrama	Definir líneas de autoridad y supervisión de los colaboradores dentro de la organización.
7. Perfiles de puesto	Definir los requisitos y competencias mínimas que debe cumplir una persona para incrementar las probabilidades de desempeñar bien un puesto dentro de la organización.
8. Planes de calidad	Que los responsables de proceso visualicen la alineación de sus documentos controlados y sus registros controlados con sus objetivos estratégicos.
9. Políticas	Que las personan tomen decisiones rutinarias dentro de las directrices autorizadas y los procesos avancen rápidamente.
10. Procedimientos	Que las personas interactúen con otros colaboradores para realizar trabajo, productos y procesos con calidad.
11. Registros	Registrar y evidenciar el desempeño de los procesos con datos e información en tiempo real.

Metodología de consultoría para elaborar manuales de políticas y procedimientos (MODELO MANUALES®)

Las cinco etapas de esta metodología consisten en:

Etapa 1. Hacer el diagnóstico de la estructura documental

- Se busca identificar la situación real de cómo están los manuales de políticas y procedimientos: ¿Hay manuales por escrito? ¿Están actualizados? ¿La gente los conoce y los utiliza? ¿Cuánta experiencia tiene la gente en su puesto de trabajo? ¿Hay una cultura de orden y disciplina? ¿Hay un enfoque de prevención o corrección de problemas?
- Se hacen entrevistas a todos los directores, gerentes y responsables de cada proceso.
- Se revisan documentos y registros (controlados y no controlados).
- Se hace un recorrido por las instalaciones.

Etapa 2. Elaborar los procedimientos y formatos maestros

- Se le proporciona a los participantes en la elaboración de manuales los conceptos básicos, definiciones, ejemplos, los beneficios de tener manuales, la contribución de éstos a los objetivos de cada persona, área y proceso.
- Se les presentan los procedimientos y formatos maestros que se utilizarán en la organización para estandarizar su elaboración.
- Se les explica la forma en que se elaborarán, revisarán y aprobarán los documentos controlados.

Etapa 3. Diseñar la estructura documental

- Se definirá exactamente la cantidad de documentos a elaborar, es decir, cuántos organigramas, mapeos de proceso, perfiles de puesto, procedimientos, métodos, formatos, instructivos de llenado de formatos, y cuántas descripciones de puesto, políticas y especificaciones.
- Se formaliza la fecha límite para terminar todos los documentos controlados.

MANUAL PARA ELABORAR MANUALES...

- Se define quiénes son los responsables de su elaboración y las fechas en que deben ir liberando sus documentos correspondientes.

Etapa 4. Desarrollar los documentos controlados

- El líder del proyecto trabaja con capacitación y consultoría, en sesiones individuales y grupales, para trabajar de manera sostenida durante las *n* semanas que estén disponibles para terminar los manuales.
- Cada director o gerente de proceso debe medir, cuando menos una vez al mes, el avance de cada uno de sus documentos.
- El líder del proyecto debe hacer, cuando menos una vez al mes, una presentación al equipo directivo de los avances en todos los manuales de políticas y procedimientos y de las áreas que van en tiempo y forma, así como retrasadas.

Etapa 5. Difundir los manuales de políticas y procedimientos

- Se le dará a conocer a todo el personal 100% de los documentos que son aplicables a sus puestos de trabajo, y cómo se pueden consultar los manuales electrónicos en el sistema.
- A cada persona, en sesiones grupales de adiestramiento, se le indica cuáles son los documentos que necesita conocer para realizar su trabajo con un nivel de excelencia.
- Periódicamente se hacen auditorías para asegurar que el personal se está apegando a las políticas y procedimientos autorizados.

Cuadro 2. Calendario teórico de trabajo.

No.	ETAPA	MES 1	MES 2	MES 3	MES 4
1	Hacer el diagnóstico de la estructura documental	▓			
2	Elaborar los procedimientos y formatos maestros	▓			
3	Diseñar la estructura documental	▓			
4	Desarrollar los documentos controlados		▓	▓	▓
5	Difundir los manuales de políticas y procedimientos con todo el personal			▓	▓

En función de la cantidad de procesos, la necesidad de tener los manuales y la cantidad de recursos humanos, técnicos y económicos, se definirá el tiempo total, el programa de trabajo definitivo, la estrategia y la metodología específica para elaborar, mejorar y enriquecer los manuales de políticas y procedimientos.

Cada una de estas etapas se explica más detalladamente en cada uno de los capítulos correspondientes.

> No importa cuán insignificante sea la tarea, hazla con el mismo entusiasmo con que harías la obra maestra.
>
> LUIS CASTAÑEDA MARTÍNEZ

Capítulo Uno

Hacer el diagnóstico de la estructura documental

> Para conocer el camino que está adelante, pregúntale a los que vienen de regreso.
>
> PROVERBIO CHINO

En la etapa uno hay que identificar la situación real de los manuales de políticas y procedimientos de la organización. Es decir, ¿hay manuales por escrito? ¿Están actualizados? ¿Las personas los conocen y utilizan? ¿Cuánta experiencia tiene la gente en su puesto de trabajo? ¿Hay una cultura de orden y disciplina? ¿Hay un enfoque de prevención y corrección de problemas?

En los proyectos de consultoría de Grupo Albe el diagnóstico de la estructura documental se evalua con 100 indicadores cuantitativos.

En organizaciones que ya cuentan con manuales, este diagnóstico se puede complementar y sustituir con una auditoría administrativa coordinada por el área de contraloría y por la lista de mejoras detectadas por las diferentes áreas de la organización.

Para elaborar el diagnóstico, los instrumentos que se utilizan son: *1)* entrevistas a los directores, gerentes y responsables de proceso, *2)* revisión de documentos y registros (controlados y no controlados), *3)* hacer recorrido por las instalaciones y *4)* calificar los 100 indicadores.

Entrevistas a los directores, gerentes y responsables de proceso

A partir del organigrama vigente, se enlista a las personas que serán entrevistadas. El tiempo para realizar cada entrevista será entre 45 y 60 minutos en un lugar privado donde tanto el entrevistador como el entrevistado puedan platicar libremente de los temas que se tratarán.

En general se buscará entrevistar a todos los directores, gerentes y jefes de área, y personal clave para armar el rompecabezas de la información que conforma todos los procesos.

En una organización, los principales procesos son: *1)* comercialización, *2)* fabricación, *3)* administración de los recursos humanos, financieros y tecnológicos y *4)* todos los procesos propios de cada organización: almacenamiento, abastecimiento, innovación, gestión de calidad, distribución, diseño, etcétera. Para conocer el funcionamiento de un proceso, se debe entrevistar a la gente que participa directa e indirectamente en él.

Figura 1. Esquema general de un proceso.

Proceso. Transformación de insumos en productos terminados. En éste participan proveedores, colaboradores y clientes internos o externos. Generalmente se conforma con las 5 M.

Insumo. Todo aquel elemento que entra en un proceso y sirve de arranque (materiales, información, dinero, solicitud, etcétera).

Producto terminado. Todo aquel resultado que sale de un proceso y sirve de conclusión (reporte, información, autorización, material, pedido, servicio, etcétera).

Cuadro 1. Preguntas típicas para hacer el diagnóstico documental (aspectos a evaluar).

	PRINCIPIO 1. DE LA ESTRUCTURA DOCUMENTAL
1.1	¿Hay un responsable dentro de la organización de controlar los manuales de políticas y procedimientos?
1.2	¿Hay en la organización una lista maestra de documentos controlados?
1.3	¿Existen en la organización manuales de políticas y procedimientos en papel disponibles para consulta de los colaboradores?
1.4	¿Existen en la organización manuales de políticas y procedimientos electrónicos para consulta de los colaboradores?
1.5	¿Están automatizados o semiautomatizados los procedimientos de tal forma que los colaboradores los cumplen de manera natural?
1.6	¿La gente de nuevo ingreso recibe dentro de su inducción la revisión de los manuales de políticas y procedimientos aplicables a su puesto de trabajo?
1.7	¿Existen dentro de la organización premios o castigos por el cumplimiento o incumplimiento de las políticas y los procedimientos?
1.8	¿La organización se rige por políticas y procedimientos documentados?
1.9	¿Hay en la organización una cultura de calidad, orden y disciplina?
1.10	¿Hay un procedimiento para mejorar los manuales de políticas y procedimientos?
	PRINCIPIO 2. DE LOS PROCEDIMIENTOS MAESTROS
2.1	¿Hay un procedimiento maestro para elaborar manuales?
2.2	¿Hay un procedimiento maestro para elaborar organigramas?
2.3	¿Hay un procedimiento maestro para elaborar perfiles de puesto?
2.4	¿Hay un procedimiento maestro para elaborar descripciones de puesto?
2.5	¿Hay un procedimiento maestro para elaborar políticas?
2.6	¿Hay un procedimiento maestro para elaborar planes de calidad?

2.7	¿Hay un procedimiento maestro para elaborar procedimientos?
2.8	¿Hay un procedimiento maestro para elaborar métodos o instructivos de trabajo?
2.9	¿Hay un procedimiento maestro para elaborar formatos o registros?
2.10	¿Hay un procedimiento maestro para elaborar especificaciones?

PRINCIPIO 3. DEL MANUAL DE ORGANIZACIÓN

3.1	¿Está actualizado el inventario de Recursos Humanos con los datos más relevantes de cada trabajador (nombre, puesto, edad, escolaridad, etcétera)?
3.2	¿Está actualizado el organigrama de la organización?
3.3	¿Los colaboradores de la organización conocen y respetan el organigrama autorizado?
3.4	¿Están actualizados los perfiles de puesto de las plazas autorizadas?
3.5	¿Están actualizadas las descripciones de puesto de las plazas autorizadas?
3.6	¿Están elaboradas las principales políticas de la organización?
3.7	¿Los colaboradores utilizan y se apegan a las políticas autorizadas?
3.8	¿En cada área o centro de trabajo existe un organigrama específico que clarifique las correspondientes fronteras y equipo de trabajo?
3.9	¿Está definida la frecuencia de revisión y mejora del manual de organización?
3.10	¿El actual manual de organización tiene fechas de autorización y revisión menor a un año?

PRINCIPIO 4. DE LOS MANUALES DE PROCEDIMIENTOS

4.1	¿Hay una mapeo general de procesos o mapeos de cada proceso?
4.2	¿Hay una lista maestra de los procedimientos de cada área o proceso?
4.3	¿Hay un responsable dentro de cada área o proceso responsable de administrar toda la documentación generada?

4.4	¿Los procedimientos de la organización están debidamente identificados (logotipos, códigos, firmas de autorización, paginación)?
4.5	¿El contenido de los procedimientos refleja la mejor experiencia de la organización para alcanzar sus objetivos estratégicos?
4.6	¿Los colaboradores conocen los procedimientos que directamente e indirectamente deben utilizar para realizar bien su trabajo?
4.7	¿Los colaboradores respetan y utilizan cotidianamente los procedimientos de su puesto de trabajo?
4.8	¿Hay un procedimiento que permita canalizar las mejoras de los procedimientos por parte de los colaboradores?
4.9	¿Hay dentro de la organización cuando menos una auditoría anual que involucre la verificación del apego de los colaboradores a los manuales de procedimientos?
4.10	¿Hay un plan de acciones correctivas y preventivas posterior a cada auditoría que asegure el apego de los colaboradores a los manuales de procedimientos?

Principio 5. Del sistema de gestión

5.1	¿Hay auditorías de primera, segunda o tercera parte periódicamente a todas las áreas de la organización?
5.2	¿Los hallazgos de las auditorías se corrigen correcta y oportunamente?
5.3	¿Los auditores internos conocen bien los procesos de la organización?
5.4	¿Los colaboradores conocen la política de calidad, la política ambiental o la política del sistema de gestión de la organización?
5.5	¿La organización cumple con los requisitos de las normas iso 9000, iso 14000, ohsas 18000 o de alguna otra norma de administración?
5.6	¿Los colaboradores acostumbran hacer propuestas y sugerencias para mejorar sus sistemas de trabajo en sus áreas de trabajo?
5.7	¿El sistema de gestión ha mejorado los procesos de trabajo de la organización?
5.8	¿La organización valora las sugerencias de mejora que le hacen sus colaboradores?

| 5.9 | ¿La organización utiliza modelos de desarrollo organizacional como el premio Malcom Baldrige, el Premio Nacional de Calidad, el reconocimiento de las mejores empresas mexicanas o algún otro para mejorar su desempeño organizacional? |
| 5.10 | ¿Los colaboradores están orgullosos de trabajar en la organización? |

PRINCIPIO 6. DE LA EFECTIVIDAD DE LOS PROCESOS

6.1	¿Existe en la organización un proceso de planeación estratégica donde se definen objetivos, indicadores y metas estratégicas (KPI por sus siglas en inglés) de cada proceso?
6.2	¿El director general y el equipo directivo monitorean cuando menos una vez al mes los resultados de los objetivos, indicadores y metas estratégicas (KPI) en un tablero de control o equivalente?
6.3	¿Hay una junta mensual del director general con el equipo directivo para revisar y calificar el cumplimiento los objetivos, indicadores y metas estratégicas (KPI)?
6.4	¿Hay un plan de acciones correctivas y preventivas que permita asegurar el cumplimiento de los objetivos, indicadores y metas estratégicas (KPI) al cien por ciento?
6.5	¿Hay una política o un procedimiento de premios, bonos o recompensas para colaboradores que tienen cumplimientos sobresalientes en sus objetivos, indicadores y metas estratégicas?
6.6	¿Están claramente descritos dentro de los procedimientos los propósitos y resultados cuantitativos esperados de cada uno de ellos?
6.7	¿La efectividad de los colaboradores al paso del tiempo es mayor como una consecuencia de la aplicación de los procedimientos dentro de sus propias áreas de trabajo?
6.8	¿Los jefes utilizan los procedimientos como base para la inducción y capacitación de sus colaboradores?
6.9	¿Hay retroalimentación a los colaboradores sobre su desempeño?
6.10	¿Hay evidencia de que los procedimientos se enriquecen continuamente con los mejores conocimientos y la mejor experiencia de sus colaboradores más exitosos?

7.1	¿Hay un buen sistema de prospectación (captación de clientes) dentro de la organización?
7.2	¿Hay un plan de mercadotecnia efectivo en la organización?
7.3	¿Hay una fuerza de ventas capacitada y competente en la organización?
7.4	¿Hay un proceso de validación técnica-económica de las cotizaciones presentadas a los clientes?
7.5	¿El nivel de cierre de ventas (contratos vs. cotizaciones) está dentro del promedio de la industria?
7.6	¿La organización tiene claramente definida la propuesta de valor para su mercado?
7.7	¿Existe regularmente un análisis de la competencia o un *benchmarking* de la organización en relación con sus principales competidores?
7.8	¿Hay orientación de la organización hacia el cumplimiento de los contratos formalizados con los clientes?
7.9	¿Hay una política o procedimiento para evaluar o mejorar periódicamente la satisfacción del cliente?
7.10	¿La organización genera lealtad, recompra y recomendación de sus clientes?

Principio 8. De la administración

8.1	¿La organización tiene un buen sistema de comercialización?
8.2	¿La organización tiene un buen sistema de operación?
8.3	¿La organización tiene un buen sistema de abastecimiento?
8.4	¿La organización tiene un buen sistema de diseño del producto?
8.5	¿La organización tiene un buen sistema de manufactura?
8.6	¿La organización tiene un buen sistema de calidad del producto?
8.7	¿La organización tiene un buen sistema de almacenamiento y distribución?

8.8	¿La organización tiene un buen sistema de administración financiera?
8.9	¿La organización tiene un buen sistema de administración de personal?
8.10	¿La organización tiene un buen sistema de información?

PRINCIPIO 9. DE LA MEJORA CONTINUA Y LA INNOVACIÓN

9.1	¿La organización mejora continuamente los productos y servicios que ofrece al cliente y al mercado?
9.2	¿Los productos de la organización son mejores que los de la competencia?
9.3	¿La organización cuenta con colaboradores, áreas o departamentos que sólo se dediquen a generar nuevas ideas y propuestas de mejora?
9.4	¿La organización invierte continuamente en la mejora de sus procesos?
9.5	¿La organización invierte continuamente en desarrollo, innovación y mejora de productos?
9.6	¿La organización invierte continuamente en el crecimiento y desarrollo de sus colaboradores?
9.7	¿La organización invierte continuamente en la mejora de su maquinaria, equipo y tecnología?
9.8	¿La organización invierte continuamente en la mejora de las condiciones ambientales y laborales de su personal?
9.9	¿La organización invierte continuamente en la mejora de sus instalaciones?
9.10	¿La organización invierte continuamente en su futuro?

PRINCIPIO 10. DE LA CULTURA ORGANIZACIONAL

10.1	¿Los colaboradores conocen la filosofía de la organización?
10.2	¿Los colaboradores conocen los valores éticos y morales de la organización?
10.3	¿Los colaboradores conocen el liderazgo de la organización en su mercado?

10.4	¿La organización tiene buena comunicación entre todos sus niveles jerárquicos y entre todos sus colaboradores?
10.5	¿La organización genera un buen nivel de lealtad y compromiso con sus colaboradores?
10.6	¿La organización atiende rápida, cortés, oportuna y eficientemente a sus clientes externos?
10.7	¿La organización atiende rápida, cortés, oportuna y eficientemente a sus clientes internos y colaboradores?
10.8	¿Los colaboradores tienen la seguridad de seguir contando con su puesto de trabajo en el futuro cercano dentro de la organización?
10.9	¿Los colaboradores tienen confianza en la organización?
10.10	¿Los colaboradores tienen credibilidad en la organización?

De todas las respuestas calcule una calificación de cada uno de los diez principios y, al final calcule una calificación global del nivel de la estructura documental.

Cuadro 2. Ejemplo del diagnóstico de la estructura documental de Comercializadora Internacional, S. A. de C. V.

No. de principio	Calificación estimada
1. De la estructura documental	20%
2. De los procedimientos maestros	0%
3. Del manual de organización	20%
4. De los manuales de procedimientos	30%
5. Del sistema de gestión	0%
6. De la efectividad de los procesos	10%
7. De la orientación al cliente interno y externo	20%
8. De la administración	50%

9. De la mejora continua y la innovación	20%
10. De la cultura organizacional	30%
Calificación global	20%

Cuadro 3. Interpretación del nivel de la estructura documental.

CALIFICACIÓN GLOBAL	ETAPA DE MADUREZ DOCUMENTAL	INTERPRETACIÓN
80% o más	V	Muy alto nivel de documentación organizacional
De 60 a 79.99%	IV	Alto nivel de documentación organizacional
De 40 a 59.99%	III	Regular nivel de documentación organizacional
De 20 a 39.99%	II	Bajo nivel de documentación organizacional
Menos de 20%	I	Muy bajo nivel de documentación organizacional

Técnicas para hacer las entrevistas en un diagnóstico

Ambas técnicas son complementarias. *El punto profundo* escarba un hoyo en un tema y *siguiendo el hilo* camina a lo largo del proceso. Podría ser que en cada paso se haga un pequeño hoyo o que en un solo tema se haga un gran hoyo profundo. El *punto profundo* da detalle y *siguiendo el hilo,* da contexto.

- *Punto profundo.* Consiste en escarbar más y más hasta llegar al fondo de las cosas. Por ejemplo, en la entrevista con el gerente de recursos humanos se le podría preguntar: ¿Qué documentos solicita a la gente que contrata? ¿Podría mostrarme el expediente de fulano de tal quien entró a trabajar hace un mes? Por favor, ¿Cómo verificó las cartas de recomendación que le entregó? ¿Qué aspectos fueron tomados en cuenta para que fulano de tal haya sido aceptado y sutanito no?, etcétera. Se podrían hacer más preguntas para ahondar sobre un mismo tema. El límite de la profundidad lo determina el líder de la entrevista o el sentido común de haber tenido un hallazgo o una confirmación o contradicción con lo descubierto en otra área.

- *Siguiendo el hilo.* Esta técnica consiste en seguir la secuencia de un documento o información y ver cómo pasa de mano en mano hasta que llega a su destino final. Por ejemplo, en la entrevista con el gerente de ventas, se le podrían formular a él y las demás personas involucradas, de manera paulatina, estas preguntas: ¿Dónde anota los datos de los prospectos que le llaman por teléfono? ¿Dónde escribe la información preliminar que le hace llegar a ese prospecto? Después de la primera entrevista con él, ¿dónde anota sus requerimientos? ¿Puedo ver la cotización que le realizó al prospecto que pidió información el pasado 2 de marzo? Una vez negociadas las condiciones con el prospecto, ¿cómo se elabora el contrato correspondiente? Cuando está formado el contrato, ¿cómo asegura que el área de manufactura fabrique lo que el cliente quiere exactamente? ¿Podemos cotejar la orden de producción con el pedido del cliente? Una vez terminado el pedido, ¿cuándo y cómo se le envió? ¿Me puede mostrar la factura que se le hizo llegar al cliente donde se ampara el pedido del mes de abril? Por favor, ¿cuándo y cómo pagó el cliente?, etcétera. Podrían hacerse más y más preguntas para seguir el proceso hasta llegar a un final razonable sobre la secuencia e interacción de documentos relacionados. El límite de hasta dónde llegar en la investigación lo determina el líder de la entrevista o el sentido común de haber logrado un hallazgo, o una confirmación o contradicción con lo descubierto en otra área.

Revisión de documentos y registros
(controlados y no controlados)

La revisión de documentos y registros se hace con la intención de verificar el fondo y la forma de cómo está trabajando la organización.

Los documentos son las fuentes que respaldan el porqué la gente hace su trabajo, por ejemplo, los organigramas, procedimientos, métodos, formatos, las descripciones de puesto, políticas, especificaciones y cualquier otro tipo de documento autorizado. Los registros son la evidencia del apego a los documentos. Éstos son reportes, bitácoras, controles, estadísticas, formatos llenos, base de datos, etcétera.

De fondo se revisa

- Que los documentos estén por escrito, actualizados y autorizados.
- Que los registros estén completos y actualizados.
- El control que hay de los procesos.
- El apego de la gente a medir el desempeño y los resultados del proceso.
- El uso que hace la gente de la información generada a lo largo de los procesos.
- La disposición de la gente a trabajar con calidad.
- La cultura de orden, disciplina y trabajo en equipo.
- La preservación, en un lugar seguro, de los documentos y registros.
- El control de la información confidencial.
- El apego de la gente hacia el uso de los documentos.
- El control informático del acceso a documentos por nivel jerárquico.
- El lineamiento de elaboración, revisión y aprobación de documentos.
- La correcta disposición de los registros después del tiempo de almacenamiento.
- El conocimiento que tiene la gente de los documentos y registros.
- La orientación de la organización hacia la prevención de errores y defectos.
- La realización de auditorías internas o externas realizadas al funcionamiento de sus procesos.
- Que los procesos estén completos y los clientes y proveedores internos completen el ciclo de su tarea.

- Que todas las personas contribuyan significativamente al logro de los objetivos de toda la organización.
- Cuáles son las firmas autorizadas para cada tipo de documento.
- Rastreabilidad de la información.

De forma se revisa

- La imagen institucional que proyectan todos sus documentos (logotipos, colores, tipografía, encabezados, pies de página, codificación, etcétera).
- La estandarización de los formatos.
- La legibilidad de los registros.
- La preservación de documentos y registros.

Por supuesto, la revisión de documentos y registros comprueba mucho de lo que los entrevistados dicen. El documento o registro podría presentarse durante o posterior a la entrevista. Si alguno de éstos no se le presenta al líder del proyecto, deberá expresar sus comentarios de manera objetiva en el reporte de diagnóstico correspondiente. Por ejemplo, *fulano de tal no presentó el documento X* o *el líder del proyecto no pudo comprobar lo comentado por fulano de tal.*

Además, el líder del proyecto debe tener la habilidad de reconocer si un documento o registro fue generado de manera apresurada sólo con el propósito de responder a esta entrevista. Me ha sucedido, algunas veces, tocar algunos documentos y registros que todavía están *calientes.* Sí, acaban de salir de la impresora. Están impecables, sin arruga ni mancha algunas; todos los datos están parejos, con la misma letra, el mismo color de tinta y algunas firmas *por poder* o *por ausencia.* Por sí solo, este detalle no es significativo, sin embargo, alerta al líder del proyecto sobre cuál es la cultura que prevalece en la organización. Así que, en caso de duda, el líder del proyecto sigue aplicando a todos, de manera cordial, sus dos técnicas de entrevista, punto profundo o siguiendo el hilo, o alguna otra que conozca y le funcione bien.

Indicadores de madurez, *know how* y escolaridad

Algunos datos que necesita el líder del proyecto para enriquecer el reporte del diagnóstico documental tiene que ver con el inventario de recursos humanos (nombre completo, puesto, nivel jerárquico, edad, antigüedad, tiempo en el puesto y máxima escolaridad).

A continuación te presento el ejemplo de un reporte con base en la edad, antigüedad y escolaridad.

Cuadro 4. Madurez organizacional.

NIVEL JERÁRQUICO	PERSONAS QUE OCUPAN EL NIVEL JERÁRQUICO N	PROMEDIO DE EDAD (AÑOS) A	ESTÁNDAR DE EDAD POR NIVEL JERÁRQUICO (AÑOS) B	% DE MADUREZ DE CADA NIVEL JERÁRQUICO C $=(A/B) \times 100$	PUNTOS OBTENIDOS $=(N \times C)$
Directores	1	39.0	50	78%	78
Gerentes y jefes	5	36.6	40	92%	460
Personal administrativo	10	36.7	30	100%	1 000
Personal operativo	20	25.0	30	83%	1 660
Total	36	Promedio 30.3 años		Total	3 204

Indicador de la madurez organizacional=
(Total de puntos obtenidos /N) x 100 = (3204 /36) x 100 = 89%

Cuadro 5. Dominio del *know how* organizacional.

NIVEL JERÁRQUICO	PERSONAS QUE OCUPAN EL NIVEL JERÁRQUICO N	PROMEDIO DE ANTIGÜEDAD (AÑOS) A	ESTÁNDAR DE ANTIGÜEDAD POR NIVEL JERÁRQUICO (AÑOS) B	% DE DOMINIO DEL *KNOW HOW* DE CADA NIVEL JERÁRQUICO C $=(A/B) \times 100$	PUNTOS OBTENIDOS $=(N \times C)$
Directores	1	17.0	3.5	100%	100

Gerentes y jefes	5	8.6	3.5	100%	500
Personal administrativo	10	7.8	3.5	100%	1 000
Personal operativo	20	1.8	3.5	51%	1 002
Total	36	Promedio 4.8 años		Total	2 602

Indicador del dominio del *know how* organizacional =
(Total de puntos obtenidos / N) x 100 = (2602/ 36) X 100 = 72%

Cuadro 6. Nivel académico organizacional.

NIVEL JERÁRQUICO	PERSONAS QUE OCUPAN EL NIVEL JERÁRQUICO N	PERSONAS CON CARRERA PROFESIONAL Y TITULADAS A	ESTÁNDAR DE ESCOLARIDAD POR NIVEL JERÁRQUICO B	% DE NIVEL ACADÉMICO DE CADA NIVEL JERÁRQUICO C =(A/B) x 100	PUNTOS OBTENIDOS =(N x C)
Directores	1	1	Carrera profesional con título	100%	100
Gerentes y jefes	5	2	Carrera profesional con título	40%	200
Personal administrativo	10	4	Preparatoria terminada	40%	400
Personal operativo	20	16	Secundaria terminada	80%	1 600
Total	36	23 de 36		Total	2 300

Indicador del nivel académico organizacional =
(Total de puntos obtenidos / N) x 100 = (2300/36) x 100 = 64%

Cuadro 7. Interpretación de indicadores.

CALIFICACIÓN	MADUREZ ORGANIZACIONAL	*KNOW HOW*	NIVEL ACADÉMICO
Menos de 25%	Gente *muy verde* (muy inmadura)	Gente con casi nula experiencia	Gente sin escolaridad
De 26 a 50%	Gente *verde* (inmadura)	Gente con poca experiencia	Gente con algo de escolaridad
De 51 a 75%	Gente en proceso de maduración	Gente con experiencia	Gente en proceso de formación académica
Más de 75%	Gente madura	Gente muy experimentada	Gente muy preparada académicamente

Cuadro 8. Sugerencias para incrementar los indicadores.

INDICADOR	SUGERENCIAS
Madurez organizacional	Promover o contratar a personas que cumplan con el estándar de edad requerida para cada puesto de dirección, gerencia o jefatura.
Know how organizacional	Conservar, retener y aprovechar en la organización a la gente competente de todos los niveles jerárquicos, con potencial y conocimientos, ofreciéndoles equilibrio entre los beneficios económicos y motivacionales (retos, capacitación, reconocimiento, equipo de trabajo, respeto, etcétera) para seguir reduciendo los niveles de rotación.
Nivel académico	Promover o contratar a personas con mayor nivel académico a puestos de dirección, gerencia o jefatura. El programa de capacitación de las personas de los primeros niveles directivos debe estar enfocado a la obtención de títulos profesionales, maestrías, diplomados y a la certificación de sus competencias laborales. El principal beneficio del nivel académico es la capacidad que les brinda a las personas de siempre averiguar y buscar soluciones más allá de sus conocimientos y experiencias.

Combinación de los tres indicadores	En cada puesto directivo, gerencial y de jefatura debe haber preferentemente gente que cumpla con los tres requisitos básicos del puesto correspondiente de edad, antigüedad (o experiencia en el puesto) y nivel académico. En la medida en que una persona cumpla mejor estos tres requisitos, tendrá los cimientos necesarios para liderar y enseñarle a su equipo de trabajo a lograr más y mejores resultados. Líderes capaces tienen colaboradores capaces, líderes novatos tienen colaboradores novatos.

Hacer recorrido por las instalaciones

El recorrido por las instalaciones (oficinas, planta, laboratorios, almacenes, bodegas, sucursales, unidades franquiciadas, centros de distribución, etcétera) se hace con la intención de complementar con la vista, el oído, olfato, gusto y tacto todo lo que los entrevistados han aportado verbalmente o por escrito.

Es muy importante enriquecer el diagnóstico con un recorrido por las instalaciones porque se observa:

- El orden y la limpieza.
- La capacidad productiva.
- Los recursos humanos, técnicos y financieros.
- El nivel de desperdicio organizacional.
- El uso de otras herramientas administrativas (las cinco S, tableros de control, pizarrones informativos, salas de juntas, enfoque al cliente, etcétera).
- A la gente y su forma de vestir e interactuar.
- El espacio de trabajo.
- La cercanía de la gente que participa en un mismo proceso.
- La relación entre personas, departamentos, gerencias y direcciones.
- La forma de tratar al cliente interno y externo.
- La calidad del producto y el proceso.
- El uso de sistemas de información.
- La cultura organizacional.

Conclusión

Por supuesto, en muchos casos la entrevista, la revisión de documentos y registros y el recorrido por las instalaciones se hacen de manera simultánea. Lo adecuado es hacer lo que mejor convenga en cada caso. En ocasiones primero se empieza con el recorrido, siguiendo la secuencia de los procesos (recibo de mercancía, inspección de control de calidad, almacenamiento, surtido de órdenes, entrega de informes al área administrativa, facturación cobranza, tesorería, contabilidad, etcétera). Algunas veces, se empieza con los procesos estratégicos (comercialización, producción, abastecimiento, almacenamiento, distribución) y se termina con los procesos de apoyo (administración de los recursos humanos, financieros y tecnológicos). Otras veces se empieza con las entrevistas al personal operativo, administrativo y directivo, en ese orden, para llegar cada vez con más información que le permita al líder del proyecto formular preguntas más inteligentes sobre lo que ya conoce de la organización. Es decir, al líder del proyecto se lo van a *chamaquear* (engañar) si no va conociendo profunda y detalladamente todo lo que pasa en la organización. Por ello, su mejor herramienta es la formulación de preguntas como: ¿Por qué? ¿Para qué? ¿Cuándo? ¿Cómo? ¿Dónde? ¿Quién? ¿De qué manera? ¿Con qué frecuencia? ¿Qué pasa si...?, todo en aras de ofrecer un diagnóstico acertado y objetivo sobre la situación documental de la organización. El líder del proyecto deja de preguntar hasta que entiende perfectamente el cuadro completo de lo que pasa en la organización y podrá contestar objetivamente y defender su posición ante cualquier miembro del equipo directivo el día que presente su reporte de diagnóstico de la estructura documental, que debe contener:

1. Portada.
2. Lista de personas entrevistadas (con puesto, edad y escolaridad).
3. Indicador de madurez organizacional.
4. Indicador de dominio del *know how* organizacional.
5. Indicador de nivel académico organizacional.
6. Conclusiones generales.
7. Hallazgos.
8. Calificación de los diez principios del diagnóstico documental.
9. Aspectos positivos, negativos y sugerencias por cada principio del diagnóstico documental.
10. Observaciones adicionales.

Es conveniente presentar este reporte a todos los miembros del equipo directivo para tener las bases sobre las cuales diseñar la estructura documental que hará que la organización incremente significativamente sus resultados estratégicos y reduzca su nivel de desperdicio organizacional, tanto a corto como a mediano y largo plazo.

Con la presentación de este reporte, tanto el líder del proyecto como la organización están listos para continuar con la segunda etapa del MODELO MANUALES®.

> La mejor manera de anticipar el futuro es entender el presente.
>
> JOHN NAISBITT

Capítulo Dos

Elaborar los procedimientos y formatos maestros

> La persona que no lee es como quien nunca se ha enamorado.
>
> Alberto Ruy Sánchez

En la segunda etapa se le proporciona a la gente que va a participar en la elaboración de manuales los conceptos básicos, ejemplos y definiciones, así como los beneficios de tener manuales y la contribución de éstos a los objetivos de cada persona, área y proceso. Se les presentan los procedimientos y formatos maestros que se utilizarán en la organización para estandarizar su elaboración y se les explica la forma en que se elaborarán, revisarán y aprobarán los documentos controlados.

A partir del diagnóstico realizado la organización podrá proponer el nivel de profundidad y detalle que requiere tener en la elaboración de su documentación para asegurar que en su cultura organizacional se implante y mejore la orientación a resultados, servicio al cliente, orden y disciplina.

Definiciones asociadas

Descripción de puesto. Documento controlado que describe a detalle las actividades que realiza cada cargo o puesto autorizado dentro de la organización. El director general autoriza la creación, modificación o cancelación de puestos dentro de la organización. (Véase el formato maestro para elaborar descripciones de puesto [GAC-FOR-19]).

Diagrama de flujo. Medio gráfico que sirve principalmente para: *a)* describir las etapas de un proceso y entender cómo funciona, *b)* apoyar el desarrollo de métodos y procedimientos, *c)* dar seguimiento a los productos (bienes o servicios) generados por un proceso, *d)* identificar a los clientes y proveedores de un proceso, *e)* planificar, revisar y rediseñar procesos con alto valor agregado, identificando las oportunidades de mejora, *f)* diseñar nuevos procesos, *g)* documentar el método estándar de operación de un proceso, *h)* facilitar el entrenamiento de nuevos empleados, *i)* hacer presentaciones directivas. Los programas Word y Visio contienen los principales símbolos utilizados. Más adelante, en este manual explicaré los símbolos que más me gustan y más he utilizado en la elaboración de los métodos y procedimientos. (Véase el procedimiento maestro para elaborar diagramas de flujo [GAC-MÉT-03]).

Documento controlado. Todo aquel escrito que tiene un código autorizado, está sujeto a revisión y aprobación y se encuentra incluido en los manuales de políticas y procedimientos de la *organización*. Ejemplos de documentos controlados son los manuales de políticas y procedimientos, organigramas, perfiles y descripciones de puesto, políticas, métodos, procedimientos, planes de calidad, formatos, instructivos de llenado de un formato y especificaciones. Por cuestiones prácticas, a lo largo de este manual me referiré al concepto documento como todo aquel *documento controlado* dentro de la organización. (Véase la política maestra para elaborar y controlar documentos controlados y registros controlados [GAC-POL-01], el procedimiento maestro para elaborar documentos controlados y registros controlados [GAC-PRO-02] y el procedimiento maestro para revisar y mejorar documentos controlados [GAC-PRO-04]).

Especificación. Documento controlado que enlista el conjunto de características de calidad (crítica y no crítica) que debe cumplir un insumo, producto en proceso o terminado, para asegurar la satisfacción del cliente. La especificación la define el cliente en función del uso y necesidades que le da al insumo o producto, ésta incluye, en su mayoría, aspectos de características físicas, químicas, dimensiones, apariencia, estética, funcionalidad, resistencia, propiedades y vida útil. (Véase el formato maestro para elaborar especificaciones [GAC-FOR-25]).

Formato. Documento controlado que contiene una plantilla o un modelo (en papel o medio electrónico) que sirve para guardar información de carácter informativo o del control de una operación, y que servirá como evidencia objetiva del cumplimiento de las actividades desarrolladas en un método o procedimiento ante una auditoría interna o externa, o ante la petición o reclamación de un cliente o proveedor (interno o externo). (Véase el formato maestro para elaborar formatos [GAC-FOR-21]).

Instructivo de llenado de formato. Documento controlado que contiene la explicación detallada de cómo se llena cada una de las casillas y los datos solicitados en un formato o registro.

Manual. Documento controlado que contiene el conjunto de políticas y procedimientos (en papel o medio electrónico) que describen el trabajo que realiza un área autorizada dentro de la organización, con los conocimientos y experiencias que han adquirido, al paso de los años, las personas que han colaborado con ella. El director general de la organización es quien autoriza a las áreas tener su propio manual de políticas y procedimientos. (Véase el formato maestro para manuales de política y procedimientos [GAC-FOR-05]).

Plan de calidad. Documento controlado que muestra la interacción entre los proveedores, subprocesos, clientes de un proceso y la alineación de los documentos y registros controlados involucrados. (Véase el formato maestro para elaborar planes de calidad [GAC-FOR-07]).

Método o instructivo de trabajo. Guía detallada que muestra cómo una persona realiza un trabajo dentro de la organización. En un método sólo se incluye el trabajo de las personas sobre las cuales la organización tiene injerencia, no sobre proveedores ni clientes externos. Cuando haya una interacción con éstos, la redacción de la actividad se hace desde el punto de vista de la persona que trabaja dentro de la organización. Por ejemplo, no se dice: "El cliente paga en la caja", sino: "El cajero le cobra al cliente"; no se dice: "El proveedor entrega el material", sino: "El almacenista recibe el material del proveedor". Los métodos pueden o no estar incluidos dentro de los procedimientos de la organización. Por cuestiones prácticas, a lo largo de este manual utilizaré solamente el concepto *método* y no *instructivo de trabajo* porque luego se confunde con el término *instructivo de llenado de un formato*. (Véase el procedimiento maestro para elaborar métodos [GAC-PRO-13]).

Organigrama. Documento controlado que muestra la representación gráfica de la estructura funcional de una organización, indicando claramente los nombres de los puestos autorizados y las relaciones jefe-colaborador. (Véase el formato maestro para elaborar organigramas [GAC-FOR-15]).

Perfil de puesto. Documento controlado que enlista los requisitos y competencias mínimos que debe tener todo candidato a ocupar un puesto autorizado dentro de la organización. En la medida que una persona cumpla mejor con el perfil de puesto, se espera que cumpla con la descripción y los objetivos de su puesto. (Véase el formato maestro para elaborar perfiles de puesto [GAC-FOR-17]).

Política. Documento controlado que enlista el conjunto de lineamientos, directrices, reglas, costumbres y normas relacionadas con un tema en particular y que han sido autorizados por la Dirección General para facilitar la toma de decisiones de actividades rutinarias. Los lineamientos o directrices son aplicables a todo el personal de la organización, sin distinción alguna de edad, puesto, sexo, religión o capacidad. Todos los lineamientos o directrices deben indicar claramente quién aplica la política (nombre del puesto, no de la persona) y cuál es la regla o norma a seguir para hacer lo correcto, adecuado o conveniente en cada caso. Una política se diseña para ser cumplida en 90% o 95% de los casos. Las excepciones sólo las puede hacer el gerente de área o el director general, previamente definido por la organización. La política solamente dice qué hacer, el procedimiento dice cómo hacer el trabajo. A cada política le corresponde cuando menos un procedimiento. (Véase el formato maestro para elaborar políticas [GAC-FOR-09]).

Procedimiento. Es la guía detallada que muestra cómo dos o más personas realizan un trabajo dentro de la organización. En éste sólo se incluye el trabajo de las personas sobre las cuales la organización tiene injerencia, no sobre proveedores ni clientes externos. En caso de que haya interacción con clientes o proveedores externos, entonces la actividad se redacta desde el punto de vista del personaje que interactúa con ellos dentro de la organización. Por ejemplo: "El cajero le cobra al cliente", "El almacenista recibe la mercancía del proveedor", "El gerente atiende la reclamación del cliente", "El contador presenta ante el SAT la documentación requerida", etcétera. La política dice *qué hacer*, el procedimiento dice *cómo hacer el trabajo*. A cada procedimiento le corresponde cuando menos una política. (Véase el formato maestro para elaborar procedimientos [GAC-FOR-11]).

Registro controlado. Formato elaborado (en papel o medio electrónico) con datos, información y evidencia real de lo ocurrido antes, durante y al final del proceso. Un registro se refiere a reportes, bitácoras, inspecciones, auditorías, formatos llenos, etcétera. Todos los registros controlados son almacenados por el responsable (designado por un tiempo previamente definido por el director o gerente del área) y estarán disponibles para su revisión, consulta y auditoría. Al término del tiempo de retención, los registros controlados obsoletos serán destruidos. (Véase la política maestra para elaborar y controlar documentos controlados y registros controlados [GAC-POL-01] y el procedimiento maestro para elaborar documentos controlados y registros controlados [GAC-PRO-02]).

Figura 1. Jerarquía de los documentos controlados.

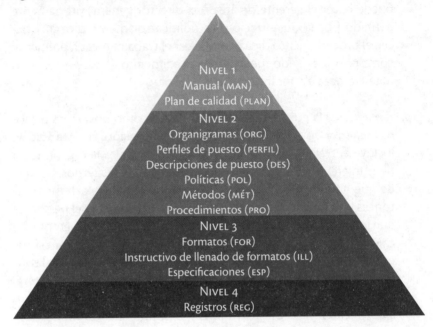

Cuadro 1. Correlación de documentos de primer y segundo nivel.

		DOCUMENTOS DE PRIMER NIVEL	
		Manual de políticas y procedimientos	Plan de calidad
DOCUMENTOS DE SEGUNDO NIVEL	Organigramas	sí	sí
	Perfiles de puesto	sí	sí
	Descripciones de puesto	sí	sí
	Políticas	sí	sí
	Métodos	sí	sí
	Procedimientos	sí	sí

| | | DOCUMENTOS DE TERCER NIVEL | | |
		Formatos	Instructivos de llenado de formatos	Especificaciones
DOCUMENTOS DE SEGUNDO NIVEL	Organigramas	no	no	no
	Perfiles de puesto	no	no	no
	Descripciones de puesto	no	no	no
	Políticas	sí	no	no
	Métodos	sí	sí	sí
	Procedimientos	sí	sí	sí

Cuadro 3. Correlación de documentos de tercer y cuarto nivel.

| | | DOCUMENTOS DE CUARTO NIVEL |
		Registros
DOCUMENTOS DE TERCER NIVEL	Formatos	sí
	Instructivos de llenado de formatos	sí
	Especificaciones	sí

Todos los documentos deben quedar alineados a este contexto. En cada mapeo se hace un resumen de toda la documentación ahí desarrollada y utilizada.

¿Qué son los manuales de políticas y procedimientos?

Si usted naufragara y llegara a una isla desierta y, entre lo poco que se pudo salvar apareciera un libro, ¿cuál le gustaría encontrar? Tal vez la mayoría pensaría en la Biblia o algún otro título. Sin embargo, en esas circunstancias quizá le conviniera mejor descubrir de forma grata que se trata de un manual de supervivencia o, mejor aún, de uno para construir balsas seguras. Qué alivio, ¿verdad?

La lógica y el sentido común de muchas personas reconocen el valor de los manuales. Sin embargo, su elaboración todavía no es una práctica común dentro de las organizaciones. Esto se debe a cuatro causas principales:

1. Las técnicas y metodologías para elaborar manuales no son muy conocidas.
2. No reciben la importancia y el apoyo de los niveles directivos.
3. La elaboración y el desarrollo de manuales requiere de tiempo por parte de los responsables de cada área y éste, a veces, es muy escaso.
4. No hay bibliografía al respecto.

Con el propósito de subsanar estos aspectos se ha desarrollado este manual, esperando sinceramente que las metodologías, los conceptos, los procedimientos y los formatos maestros incluidos le sean de utilidad para el desarrollo de sus manuales de políticas y procedimientos.

Los manuales son una de las herramientas administrativas y operativas más eficaces para transmitir conocimientos y experiencias porque documentan la tecnología acumulada hasta ese momento sobre un tema.

Así, encontramos manuales muy especializados en todos los campos de la ciencia y tecnología. Descubrimos que en la compra de cualquier teléfono, iPhone, computadora, televisión, iPad, lavadora, refrigerador, equipo electrónico y maquinaria en general, se proporciona un manual de operación con el propósito de que el usuario, además de disfrutarlo a su 100%, pueda aprender rápida y adecuadamente a usarlo, manejarlo y mantenerlo, y volverse pronto un experto en su operación.

En otros campos del conocimiento también hay manuales: de planeación estratégica, acupuntura, cocina, periodismo, planeación de ganancias, solución de problemas, del cuidado y entrenamiento de mascotas, del supervisor, de los buenos hábitos, de la gente bien, etcétera.

Dentro del ámbito de los negocios, cada vez se descubre más la necesidad e importancia de tener y usar manuales, sobre todo de políticas y procedimientos que le permitan a una organización formalizar sus sistemas de trabajo y multiplicar la tecnología que le permita consolidar su liderazgo y posición competitivos.

Los manuales son una de las mejores herramientas administrativas y operativas porque le permiten a cualquier organización normalizarse en todas las áreas de la misma. La normalización es la plataforma sobre la que se sustenta el crecimiento y desarrollo de una organización, brindándole estabilidad y solidez.

Los manuales son para la organización lo que los cimientos son para un edificio. Tenerlos facilita y apoya el crecimiento; no tenerlos limitaría la carga y el número de pisos que el edificio podría soportar.

Tal vez usted piense que muchas organizaciones funcionan bien sin manuales, y es verdad, porque cuentan con personas de mucha experiencia y preparación en el campo de especialidad de la organización y todo (o casi todo) dentro de la organización, a simple vista, marcha sin problemas. Sin embargo, el problema es la alta dependencia que tiene la organización hacia estos expertos. La extraña dualidad de éstos consiste en que por un lado centralizan todas las decisiones y, por otro, son los más indicados para elaborar los manuales debido a sus conocimientos y experiencia para plasmar en blanco y negro lo que saben.

Hay dos razones por las que los expertos pueden contribuir en la elaboración de manuales: *1)* por el beneficio propio, es decir, el experto tiene la oportunidad de dejar huella en su paso por la organización y *2)* porque al entrenar a más personal el experto delega actividades rutinarias, dedicándose, con sus amplios conocimientos a nuevos proyectos o a dar consultoría interna a la propia organización.

Para lograr que estos expertos compartan sus conocimientos y experiencias hay que facilitarles el trabajo poniéndoles un brazo derecho (joven, de mucho empuje y profesionista de preferencia) un consultor especializado que se encargue de elaborar los manuales poe medio de la documentación de políticas y procedimientos. De esta forma, una persona pone la tecnología y la otra la documenta. ¿Qué le parece? Buena idea, ¿verdad?

Por supuesto, cualquier otra opción que le permita hacer trabajar en equipo a alguien con mucha experiencia y paciencia suficiente para ponerla en blanco y negro también le va a funcionar. De muy poco valor son los sabios aislados en su propia montaña.

Un manual de políticas y procedimientos es aquél que documenta la tecnología que se utiliza dentro de un área, departamento, dirección, gerencia u organización. En éste se deben contestar las preguntas acerca de lo que hace (políticas) y cómo (procedimientos) administra el área, departamento, dirección, gerencia u organización, y para controlar los procesos asociados a la calidad del producto o servicio ofrecido (este control incluye la determinación de las necesidades del cliente y la entrega del producto o realización del servicio, evaluando el nivel de servicio posventa).

En algunas organizaciones del sector público o grandes empresas puede ser conveniente generar el manual de políticas y el manual de procedimientos por separado. En el caso de empresas pequeñas, un solo manual para toda la organización puede ser suficiente. Sin embargo, dado que la mayoría de las organizaciones tienen definidos los principales procesos o las principales áreas del negocio (recursos humanos, finanzas, calidad, producción, ingeniería, proyectos, administración, etcétera) es conveniente, por aspectos de control y facilidad del manejo de la información, que cada área tenga su propio manual de políticas y procedimientos. En el caso de que un área sea demasiado grande y maneje áreas o departamentos más pequeños, se podría decidir autorizar también a éstos a tener sus propios manuales para asegurar consistencia en toda la organización; las únicas personas autorizadas para aprobar políticas o procedimientos son los responsables, directores o gerentes del primer nivel jerárquico.

Por supuesto, cada área sólo incluirá en su manual las políticas y procedimientos con los que esté directamente relacionada, es decir, tendrá solamente aquellos documentos que, por sus funciones, maneje con cotidianidad, sean políticas y procedimientos que su propia área haya generado o que estén directamente relacionados con otras. Cualquier persona de la organización que tenga deseos de colaborar con el desarrollo de los manuales podrá elaborar políticas o procedimientos, siempre y cuando se le brinde una capacitación adecuada.

Si el manual estuviera plasmado en papel, la división de sus capítulos estará en función de las actividades y responsabilidades que realiza dicha área. Es decir, a pesar de que en todas las áreas haya manuales de políticas y procedimientos, los contenidos de cada uno de ellos serán distintos. Aunque, por supuesto, habrá políticas y procedimientos que estén repetidos en más de un área, debido al alcance de éstos. Pero si el manual estuviera en una red local o un sistema electrónico, la organización decidirá de acuerdo con los privilegios a quiénes les permitirá la consulta, modificación o impresión de los documentos.

La elaboración de manuales de políticas y procedimientos implica, en primer lugar, hacer los mapeos de proceso para definir las funciones y responsabilidades de cada una de las áreas que conforman la organización.

Ahora, con la influencia que tienen las normas ISO 9000, ISO 14000, ISO/TS 16949, OHSAS 18000, de inicio se puede reunir también la documentación obligatoria del sistema de gestión correspondiente antes de arrancar con la elaboración de los manuales de políticas y procedimientos de las diferentes áreas.

Contenido típico de los manuales de políticas y procedimientos

Los siguientes datos sólo son una referencia de lo que podría incluir un manual de políticas y procedimientos:

1. Portada.
2. Índice.
3. Bitácora de revisiones y modificaciones al manual de políticas y procedimientos.
4. Plan de calidad (opcional cuando en la organización existe un proceso de planeación estratégica o hay definidos objetivos, indicadores y metas estratégicas).
5. Organigrama.
6. Perfiles de puesto.
7. Descripciones de puesto.
8. Políticas.
9. Procedimientos.
10. Formatos.
11. Instructivos de llenado de formatos.
12. Especificaciones.
13. Registros.
14. Anexos.

El responsable de la edición, revisión y actualización del manual de políticas y procedimientos es el director, gerente o responsable de cada área emisora. A su vez, cada área autorizada debe tener su propio manual de políticas y procedimientos.

Usted puede utilizar los procedimientos y formatos maestros presentados en este manual para elaborar y controlar documentos y registros controlados. Por supuesto, deben ser adaptados al estilo propio de su cultura organizacional. Algunas sugerencias para que la elaboración de manuales sea una práctica común son:

- Que los empresarios, directivos y colaboradores dominen las técnicas y metodologías contenidas en este manual. ¿Cómo? Leyendo los capítulos de su interés, utilizando los procedimientos y formatos maestros y analizando los ejemplos correspondientes.
- Que los empresarios y directivos reconozcan la importancia de usar manuales dentro de la organización. ¿Cómo? Visitando organizaciones que tengan el registro de certificación con las normas internacionales de gestión, descubriendo los factores clave de éxito de empresas líderes y analizando la relación *manuales-resultados de negocio*.
- Que los directivos apoyen y faciliten su elaboración. ¿Cómo? Entrenando a sus colaboradores y definiendo la elaboración de manuales como un objetivo de negocio.
- Que los empresarios y directivos aprovechen el trabajo en equipo, permitiendo que los involucrados en políticas y procedimientos se reúnan periódicamente para su elaboración, revisión, aprobación y difusión. ¿Cómo? Reuniéndose en grupo, una o dos horas por semana, uno o dos días por mes o dando la libertad a cada área para que los elabore de acuerdo con un programa previamente definido.
- Que los directivos contraten los servicios profesionales de un despacho de capacitación y consultoría como Grupo Albe.

Dado que el ser humano es social por naturaleza y tiende a organizar y administrar sus asuntos, los manuales de políticas y procedimientos pueden facilitarle a la organización el cumplimiento de sus propósitos y objetivos de manera efectiva y ordenada.

Además, toda organización está regida por políticas y procedimientos formales o informales por lo que, al elaborar un manual, se simplificará la vida de la organización y de todos sus colaboradores (directivos, empleados y sindicalizados).

¿Qué son las políticas?

"Por política, los visitantes que deseen ingresar a la compañía deben registrarse en la caseta de vigilancia." "Por política, todos los maletines del personal y visitantes que salgan de la compañía, deben ser revisados."

¿Le son familiares éstas y otras políticas similares? De hecho, en principio uno siente las políticas como actitudes exageradas o sin sentido. Sin embargo, éstas mantienen una organización ordenada y deben ser pensadas y diseñadas para permitir que las cosas se hagan correctamente. Las políticas bien desarrolladas pueden ayudar a evitar el desorden dentro de una organización y las que están mal diseñadas pueden paralizarla.

El propósito real de las políticas en una organización es simplificar la burocracia administrativa y ayudar a obtener utilidades. Una política tiene razón de ser cuando contribuye directamente a que las actividades y los procesos de la organización logren sus propósitos. Todas las organizaciones, conscientes o no de ello, se rigen por políticas, independientemente de que estén o no por escrito. Sin embargo, al comparar los resultados que obtienen dos empresas del mismo giro, observamos que hay, en algunos casos, diferencias abismales. Por ejemplo, en un banco, ¿qué hace que en uno le den un asiento mientras se espera y en otro no? ¿Por qué una pizza llega a domicilio antes de 30 minutos y, en otros casos, hay que esperar casi una hora para ser atendido? ¿Por qué en una línea aérea el costo del boleto es de $1 000.00 y en otro de $4 000.00? ¿Por qué en un lugar un café cuesta $10.00 y en otro $50.00? Si volteamos a nuestra derecha o izquierda, o hacia dentro y hacia fuera, observamos miles de ejemplos que nos hacen sorprendernos de por qué unas organizaciones tienen éxito y otras no. La respuesta está en el diseño de sus procesos. Si éstos no se piensan para ser sencillos, efectivos y fluidos, se autodiseñan complejos y burocráticos. Los procesos son como un río: su velocidad depende de la eliminación de obstáculos y cuellos de botella. De la misma manera, en las organizaciones las políticas bien diseñadas permiten la eliminación de burocracia y cuellos de botella. *Una organización que no se diseña se autodiseña* y, muchas veces, lo autodiseñado no funciona adecuadamente porque han intervenido de manera anárquica todas las personas y fuerzas políticas, económicas y sociales que integran la organización ocasionando con ello que, mientras unos quieren ir al norte, otros prefieren el sur y los clientes dirigirse al este. Todo esto causará confusión dentro de la organización y sus resultados, además de pobres, serán obtenidos de una manera muy desgastante.

Por ello, si una organización desea obtener resultados aceptables, debe diseñar su organización alineando los criterios y políticas de todo el personal, iniciando por el equipo directivo. Hacer esto, ¿requiere de esfuerzo? Sí. Los beneficios de tener una organización ordenada y alineada, ¿compensan con creces el estrés y el desgaste causado por la anarquía organizacional? Sí.

Por ello, para que una política sea bien diseñada y en consecuencia aceptada, se debe involucrar activamente a la gente que conoce y trabaja con los procesos e informar y explicar los beneficios, oportuna y adecuadamente, a la gente afectada o involucrada (clientes, colaboradores, directivos, proveedores, visitantes, etcétera).

Una vez implantadas las políticas es necesario vigilar que haya congruencia entre lo que dicen y lo que hace la gente. Por ello es importante revisarlas con frecuencia, tomando en cuenta la opinión y sentimiento de los usuarios sin perder de vista el propósito por el cual fueron creadas.

Por lo general, las políticas dentro de una organización simplemente son impuestas, ocasionando molestias innecesarias en la gente involucrada. De ahí que, si se desea que las políticas se respeten en su totalidad, es muy importante tomar en cuenta a la gente antes, durante y después de emitirlas.

Una política es:

a) Una decisión unitaria que se aplica a todas las situaciones similares.

b) Una orientación clara hacia donde deben dirigirse todas las actividades de un mismo tipo.

c) La manera consistente de tratar a la gente.

d) Un lineamiento que facilita la toma de decisiones en actividades rutinarias.

e) Lo que la dirección desea que se haga en cada situación definida.

f) Aplicable de 90 a 95% de los casos. Las excepciones sólo podrán ser autorizadas por alguien de un nivel inmediato superior.

Las políticas ayudan a evitar lentitud, defectos y, sobre todo, pérdida de tiempo en las principales actividades y procesos de la organización. Las políticas son como linternas en la oscuridad porque permiten visualizar un camino claro, preciso y seguro para las actividades cotidianas, sobre todo, en los puntos críticos donde se requiere de una decisión.

El uso de políticas redunda, a corto plazo, en el aumento de productividad y utilidades para la organización.

Cuando vemos una organización que funciona de manera ordenada y tranquila es porque está administrada por políticas y procedimientos funcionales bien diseñados. La organización que no genera desperdicio organizacional, incrementa directamente las probabilidades de aumentar sus utilidades.

Al estar relacionadas directamente con personas las políticas surgen en todas las actividades donde las personas se desenvuelven dentro de la organización: procesos, planes, mejoras, conflictos.

Las políticas siempre existirán mientras haya una persona que tenga un trabajo que realizar.

Características de una política

- Establece lo que la Dirección quiere o prefiere que se haga en cada tema importante de la organización.
- No dice *cómo proceder* (eso lo dice el procedimiento).
- Refleja una decisión directiva para todas las situaciones similares.
- Ayuda a las personas, a nivel operativo, a tomar decisiones firmes y congruentes con la Dirección.
- Tiende a darle consistencia a la operación.
- Es un medio para que a todos se les trate de forma equitativa.
- Orienta las decisiones operativas en la misma dirección.
- Ayuda a que todas las actividades de un mismo tipo tomen la misma dirección.
- Les quita a los ejecutivos la molestia de estar tomando decisiones sobre asuntos rutinarios.
- Estandariza los procesos, la calidad del servicio, del producto y la atención a clientes internos y externos.
- Estandariza la calidad en los servicios y productos que obtiene la organización de sus proveedores.

Sugerencias para asegurar el cumplimiento de las políticas

- Que haya mucha disciplina por parte de la Dirección para respetar la política.
- Vigilar que se cumpla cabalmente en todos los niveles jerárquicos.
- Antes de aprobarlas, analizar con mucho cuidado sus pros y contras. Seleccionar la más adecuada.
- Involucrar a los usuarios en el diseño de la política para obtener sus puntos de vista y compromisos correspondientes.
- Hacer una difusión formal y adecuada a todo el personal relacionado por medio de cartas, memorándums, boletines internos, pláticas, juntas, minutas, planes y manuales.
- Lograr que la gente involucrada comprenda claramente los beneficios y el porqué de la política.
- Medir, evaluar y difundir los resultados de los indicadores asociados a dicha política. Como son (según sea el caso) las ventas y utilidades, el desperdicio, porcentaje de pedidos completos y devoluciones, y monto de las notas de crédito, los lotes producidos y clientes atendidos, etcétera.
- Realizar auditorías periódicamente para verificar, con base en evidencia específica, el apego a las políticas.
- Dar reconocimiento a aquellas personas o departamentos con mayores resultados.
- Revisarlas y mejorarlas año con año.

Por supuesto, para asegurar congruencia entre lo que se dice y hace, es necesario que los principales promotores, usuarios y supervisores de las políticas y procedimientos sean los directores y gerentes de la organización. Si alguien viola las políticas o procedimientos, se le deberá llamar la atención con firmeza, explicándole los beneficios de respetarlos y las graves consecuencias de no aplicarlos en su totalidad.

Excepciones a las políticas

Una política se establece para aplicarse entre 90 y 95% de los casos. Los porcentajes restantes sirven para atender solamente casos especiales. Una política debe ser firme pero también flexible, de lo contrario, al querer aplicarla 100% de los casos crearía en la organización una rigidez equivalente a una camisa de fuerza. Por supuesto, sólo una persona con mayor información y contexto de las situaciones podría autorizar dicha excepción. Las personas autorizadas para hacer excepciones deben tener un nivel jerárquico superior al usuario de la política y, dependiendo del tipo que sea ésta, en algunos casos podrá ser autorizada únicamente por el gerente o director general de la organización. Toda política, por definición, debe contemplar quién y en qué casos puede autorizar una excepción.

Lo que busca una política es cumplir con el propósito para el cual fue creada. Una política solamente es un medio para alcanzar un fin, pero por sí misma no lo es. Cuando se quiere cumplir con ésta a rajatabla, en ese momento deja de ser un instrumento o herramienta directiva para convertirse en un muro infranqueable. Cuando la política se convierte en un fin, en ese momento deja de ser funcional porque quienes la aplican, se olvidan del sentido común y la finalidad de la misma, convirtiéndose así solamente en personas robotizadas que ya no piensan por sí solas.

Vamos a ilustrar esto con un ejemplo. La política de una organización dice que a los proveedores se les hace una transferencia electrónica los días viernes, siempre y cuando envíen sus facturas electrónicas a más tardar el martes de esa semana. Para entender claramente la política debemos, en primer lugar, comprender de forma cabal su propósito. Esta política es útil para hacer oportunamente los pagos de la empresa con sus proveedores, manteniendo así una buena relación de negocio con ellos.

Claro, las ventajas adicionales para la organización al aplicar esta política son optimizar los tiempos y actividades del área de tesorería. Igualmente, las ventajas para los proveedores son contar con ingresos seguros los viernes y poder así programar y cumplir sus compromisos económicos con sus colaboradores y proveedores. Además, el proveedor puede seguir surtiendo los productos o servicios que la organización requiere sin tener ningún pretexto de pago.

La buena comprensión del propósito y los beneficios de esta política por parte de todos los involucrados hace que cada uno cumpla adecuadamente con su parte.

Recuerde, para que una política sea utilizada correctamente, debe tener un propósito bien definido y ser conocida y comprendida por todos los involucrados.

Si hace en este momento un pequeño recorrido por su organización, podrá observar cuántos malos entendidos, conflictos y tensiones existen porque no hay políticas, están mal diseñadas y difundidas o son aplicadas rígidamente. El malestar de una política incorrecta es continuo, la sensación de orden y tranquilidad que ofrece una buena política se percibe de inmediato, tanto para los colaboradores como para los clientes internos y externos de ese proceso.

Por supuesto, esto no quiere decir que las excepciones deben ser la regla. Si lo normal es hacer excepciones, entonces sería más conveniente analizar la política y rediseñarla. Además, hay que rediseñarlas pues con el tiempo, la tecnología, los procesos, las condiciones y las circunstancias cambian, lo que hace necesario adecuar y actualizarlas continuamente para que sigan siendo funcionales y benéficas para la organización.

Aspectos a tomar en cuenta cuando se hace una excepción a una política

- Enfatizarle a la persona, con claridad, que esto ha sido solamente una excepción. La próxima vez deberá apegarse nuevamente a la política establecida. Asegurarse de que sólo las personas autorizadas puedan hacer excepciones. De otra manera, se caería en una anarquía incontrolable.
- Antes de autorizar la excepción, el responsable correspondiente debe de utilizar el sentido común y evaluar cuidadosamente los pros y los contras.
- Evitar que las excepciones se repitan siempre con las mismas personas para evitar favoritismos, negligencias y escepticismo por parte de las demás personas involucradas.

Por otro lado, las políticas no pueden cambiarse con frecuencia porque ello impediría tener consistencia a la organización. ¿Se imagina si el platillo favorito que usted disfruta siempre en un mismo lugar tuviese sazones y sabores diferentes cada vez que acude? No, ¿verdad? Del mismo modo, las políticas deben dar estabilidad y tranquilidad a la organización. Recuerde que una política es una guía que nos marca como una autopista de cuota el camino a seguir.

¿Qué credibilidad tendría un directivo si constantemente está cambiando el rumbo? Por lo tanto, aunque las excepciones son aceptadas como algo normal e implícito dentro de la política, no se debe abusar de su uso. *Lo más conveniente, es pensar y diseñar políticas robustas, congruentes y consistentes con la filosofía de la organización.*
Una política estará completa y bien definida:

a) Si se desglosan todos los aspectos relacionados al tema elegido. No debe haber dudas acerca de qué, cómo, quién, cuándo, dónde y en qué casos se pueden hacer las cosas. Para hacer una descripción clara de una política se requiere redactar un conjunto de ideas en párrafos.

b) Cada párrafo redactado contendrá normas y criterios específicos de actuación. Por ejemplo: "El personal de nuevo ingreso...", "Todos los martes...", "El personal del primer turno...", "Los días 15 y 30 de cada mes...", "El área de fundición...", "Una tolerancia máxima de 10 minutos...", "Sólo el personal sindicalizado...", "Antes de las 16 horas...", "Firmado y sellado por el cajero...", "Todos los proveedores...", "Los pedidos del mes anterior...", "Los nuevos clientes...", etcétera. Las normas sirven como punto de comparación, sin éstas no se sabría si algo está bien hecho, correcto, aprobado o completo.

¿Qué son los métodos y los procedimientos?

Un proceso es el conjunto de elementos que interactúan para transformar los insumos en bienes o productos terminados. Está formado por las famosas 5 M (materiales, métodos y procedimientos, mano de obra, maquinaria y equipo y medio ambiente). En este capítulo, aunque me enfoco hacia los métodos y procedimientos, hay que considerar la otras M.

Un método es la guía detallada que muestra secuencial y ordenadamente como realiza una persona un trabajo. En algunos métodos, los pasos exactos varían. Por ejemplo, un mecánico de automóviles sabe cómo reparar genéricamente los automóviles. Sin embargo, si quiere hacer un trabajo profesional y de calidad, necesita un método específico para reparar un Chevy modelo 2008, tal vez muy diferente del método para arreglar un modelo 2015.

Un procedimiento es la guía detallada que muestra secuencial y ordenada de cómo dos o más personas realizan un trabajo.

Todas las actividades que el hombre realiza están regidas, de manera natural, por métodos y procedimientos. A través de éstos se documentan los conocimientos y la experiencia de las generaciones anteriores.

Los métodos y procedimientos de uso cotidiano en las organizaciones por lo general son verbales y no están por escrito. Incluso la mayor parte de las veces, por falta de información y sensibilización acerca de su importancia, las personas los modifican y desvirtúan de acuerdo al humor o presión de trabajo que tengan.

Los procedimientos que se usan dentro de una organización, por lo común son informales y los podemos observar fácilmente por medio de los hábitos y costumbres de las personas. Los métodos y procedimientos escritos, además de asegurar la repetitividad de un trabajo, permiten que el usuario siga tranquilamente por un camino seguro previamente probado. Además, al usarlo en la cotidianidad estará capacitado para mejorarlo.

¿Se ha puesto a pensar qué pasa cuando una persona es nueva en un trabajo? ¿Cuánto tiempo le lleva conocer y dominar sus funciones? Normalmente, mucho. ¿Por qué? Porque lo común es que el jefe le dé una rápida inducción acerca de cuáles serán sus principales responsabilidades, esperando que, con ello, de la noche a la mañana, esa persona haya entendido todo lo que se le dijo (y también lo que no se le dijo). De esta manera, pasa el tiempo y, después de unos meses en los que hubo decenas de regaños, centenas de frustraciones y miles de fallas, parece que, por fin, la persona ya se ubicó y domina el puesto. Sin embargo, si esa misma persona al llegar a su nuevo puesto leyera el manual de políticas y procedimientos del área o del proceso y estuviera dos o tres días en cada departamento, a la vuelta de un mes sería casi una experta (o al menos estaría mejor ubicada y preparada) en sus funciones y estaría lista para empezar a agregar valor a la organización y desquitar plenamente su sueldo.

Al utilizar métodos y procedimientos escritos de forma adecuada, las personas ganan dos cosas: precisión y velocidad. Si la persona es nueva, también gana conocimiento y experiencia. Usted puede beneficiarse del mismo modo si en su organización, oficina, taller o negocio asegura que para todos los trabajos clave se tengan métodos y procedimientos escritos que documenten la mejor experiencia de la organización.

¿Hay algo que en su organización no hagan bien o no sepan cómo hacerlo? Consiga esta información y tecnología fuera de ésta, consiga los métodos y procedimientos de un experto y adáptelos a su tipo particular de negocio.

En ocasiones es increíble ver cómo las personas de una organización en muchos casos no saben qué hacer, por ejemplo, en caso de incendio o alguna otra emergencia. ¿Se debe llamar a los bomberos? ¿Quién y en qué momento les debe llamar? ¿Se debe desalojar al personal de las oficinas? ¿Cuál es el lugar más seguro para reunir al personal? Éstas y otras preguntas quedarían resueltas si existieran los procedimientos escritos de protección civil que definieran los criterios y secuencia de actividades para proteger, tanto al personal como a los activos de la compañía, en caso de incendio o emergencia.

Si la gente conociera los respectivos procedimientos y estuviera entrenada adecuadamente en ellos, cuando hubiera necesidad sabrían exactamente qué hacer y no hacer.

La técnica del libreto

Para facilitar el entendimiento y desarrollo de los procedimientos, en Grupo Albe hemos desarrollado la *técnica del libreto*, que consiste en presentar secuencialmente a quien hace determinadas actividades. Para el desarrollo de métodos, esta técnica es innecesaria puesto que las actividades las realiza una sola persona y solamente hay que incluir el número consecutivo con la actividad secuencial que le corresponde y describir detalladamente la actividad a realizar.

La técnica del libreto se compone de tres partes:

1. Mencionar al actor (persona que va a realizar las actividades). Se escribe el puesto de la persona, no del área, ni su nombre de pila. Es decir, el gerente de Recursos Humanos, no la gerencia de Recursos Humanos ni el licenciado Luis Martínez. Se debe decir el jefe de ventas, no la jefatura de Ventas ni Juan Sánchez.
2. Asignar un número consecutivo de la actividad a desarrollar por cada actor que va interactuando en el procedimiento: 1, 2, 3, etcétera.
3. Describir la actividad que realiza el actor, iniciando siempre con un verbo de acción que indique, con la mayor precisión posible en cada actividad, los formatos, métodos, bitácoras, consideraciones, criterios, información y referencias que se van a utilizar para asegurar que dicha actividad sea realizada correctamente.

La técnica del libreto forma parte de los procedimientos maestros incluidos en este manual.

Para asegurar que la organización se oriente de manera ordenada a normalizar su operación, le sugiero que utilice los procedimientos y formatos maestros presentados en este manual para desarrollar sus propios procedimientos y formatos maestros.

La persona que elabora documentos debe ser, de preferencia, un experto en el tema que va a documentar. Si no lo es, el documento se tomará como una propuesta inicial, a partir de la cual, los involucrados pueden hacer sus observaciones y mejoras correspondientes.

Las políticas y procedimientos deben incluir los aspectos que a la organización le faciliten cumplir con sus objetivos estratégicos. Más que cumplir caprichos o imposiciones de alguno de los involucrados, es necesario que le agreguen valor a la organización mediante la generación de utilidades y eliminación de desperdicios.

Las políticas indican *qué hacer*, los procedimientos señalan *cómo hacerlo* a detalle y paso a paso.

Las políticas muestran lo que la Dirección de la organización decidió hacer en una situación determinada. Los procedimientos formalizan la implantación de las políticas.

A partir de las políticas se pueden desarrollar los procedimientos, y con el desarrollo de éstos se descubren y proponen las políticas que la organización requiere.

Tanto las políticas como los procedimientos deben tener un propósito bien definido al momento de desarrollarlos, es muy importante no perderlo de vista.

Además, una política es reforzada e implantada a través de, al menos, un procedimiento. Y todo procedimiento es reforzado con al menos una política.

Una política sin procedimientos se puede quedar solamente en buenos deseos. Un procedimiento sin políticas está incompleto. Las políticas lo revisten, dándole cuerpo y funcionalidad. Los procedimientos aseguran la implantación de las políticas. Ambos son las caras de una misma moneda: se complementan mutuamente.

Si desea reforzar una política, elabore e implemente sus correspondientes procedimientos. Si desea reforzar e implantar procedimientos, diseñe y desarrolle sus correspondientes políticas.

El mejoramiento de las políticas y los procedimientos

La forma de asegurar que las políticas y los métodos o procedimientos mejoren es poniéndolos por escrito, así podrán ser usados, revisados, analizados, depurados y mejorados de una manera formal. Por política general, para los documentos controlados se ha establecido que toda la documentación sea revisada a fondo por lo menos una vez al año después de su emisión, o antes, si hay algún cambio significativo en la organización. Hay casos donde algunas organizaciones dedican uno o dos días al año para revisar, fuera de la compañía y con todos los involucrados, sus correspondientes manuales. O bien se establece, por ejemplo, el mes de enero como el mes de revisión, mejora, enriquecimiento y actualización de los manuales de políticas y procedimientos.

Al principio, cuando empiezan a documentarse los procesos, sistemas y actividades de la organización en manuales, parece una actividad tediosa y sin mayor trascendencia. Sin embargo, a través del tiempo, con el uso real de los manuales y el involucramiento del equipo directivo y de sus brazos derechos, tanto los directivos como los colaboradores reconocen el valor de toda la información y de los conocimientos y experiencias ahí plasmados.

¿Qué son los diagramas de flujo?

Los diagramas de flujo son una parte importante del desarrollo de métodos y procedimientos debido a que, por su sencillez gráfica, permiten ahorrar muchas explicaciones.

Al principio, algunos directivos y responsables de área piensan que estos diagramas, además de ser muy complicados, son solamente para los ingenieros. Esta percepción es cierta, dada la falta de costumbre en su uso. Sin embargo, su aprendizaje es tan sencillo, que cualquier persona, en menos de una hora haciendo un ejercicio en una hoja de papel, puede descubrir fácilmente el valor y utilidad de esta herramienta. (Véanse los símbolos utilizados en el método maestro para elaborar diagramas de flujo [GAC-MÉT-03]).

Figura 2. Ejemplo de un diagrama de flujo para el pago de proveedores.

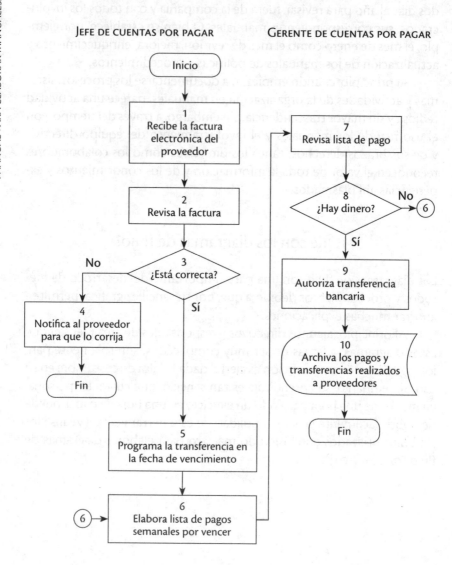

- *Proporcionan una comprensión del conjunto.* Cuando los miembros de un equipo conocen perfectamente su parte del proceso, pero no conocen bien el proceso completo, el diagrama de flujo les suministra la información que les hace falta, logrando así una mejor comprensión. Una figura dice más que mil palabras.
- *Facilitan la comunicación.* Los diagramas de flujo hacen que una persona o equipo expliquen (sin tantas palabras ni confusiones) el proceso a otras personas y departamentos.
- *Descubren los clientes ignorados previamente.* Algunos equipos se enfrentan con la sorpresa de que se hacen muchos planes sin haber identificado primero a todos los clientes importantes. Todos asumen que *todo el mundo* sabe quiénes son los clientes pero resulta que, sin la disciplina de la preparación del diagrama de flujo, se pueden ignorar o pasar por alto algunos clientes internos muy importantes. En el caso de procesos críticos es vital identificar claramente a todas las personas o departamentos involucrados. Más adelante se explicará cómo se elaboran los diagramas de flujo.
- *Descubren las oportunidades para mejorar.* La mayoría de los diagramas de flujo exhiben subprocesos o *ciclos* que son necesarios para ocuparse de las actividades excepcionales y sin estandarizar. Incluso, se detectan muchas actividades que no le agregan valor a la organización por lo que, al momento de documentar los procesos, debemos cuestionar la realización de este tipo de actividades. Por ejemplo, una empresa de manufactura hace inspección de materias primas porque no tiene proveedores confiables o repite dos o tres veces la revisión de un mismo documento para asegurarse que no contenga errores. Todos estos ciclos deben eliminarse. Las actividades de transformación del producto o servicio sí ofrecen un valor. Las actividades como inspeccionar, mover, transportar, almacenar y demorar no le dan valor a la organización por lo que, en la medida de lo posible, hay que minimizarlas o eliminarlas.
- *Hacen más fácil establecer los límites.* Cuando nos ponemos a planificar o replanificar algún proceso, pronto nos damos cuenta de que tenemos que establecer un límite a nuestra tarea. La razón se debe a que cada proceso interactúa con algunos de los otros

procesos dentro y fuera de la organización. Y esos otros se intercalan, además, con otros procesos. Por último, todos los procesos de la organización se ven afectados. Pero los efectos disminuyen conforme más nos alejamos de nuestra tarea específica. Es imposible llevar estas interacciones hasta el final, pues acabaríamos por planificar el trabajo de toda la organización (los manuales sí son los que documentan todo este trabajo). Por tanto, es necesario establecer un límite según el nombre del procedimiento y del alcance; abarcar hasta donde nos indique el sentido común. Los diagramas de flujo proporcionan una ayuda gráfica para establecer los límites. Es común que para elaborar un procedimiento primero se elabora el digrama de flujo.

> En la medida que una organización sea capaz de eliminar en un método o procedimiento, puntos de decisión (rombos), personajes y actividades, y de automatizar procesos, en esa medida mejorará la fluidez del método o procedimiento, incrementando inmediatamente el nivel de productividad personal y organizacional y el cumplimiento de los objetivos para el cual fue diseñado.

Los formatos y registros

En las organizaciones es normal que exista un exceso de formas y formatos de todos colores y sabores, impresos en offset, en computadora, a mano, en copias fotostáticas, a color o electrónicos, etcétera. Sin embargo, solamente unas cuantas organizaciones tienen identificados, estandarizados y controlados dichos formatos.

Los formatos y registros sirven para:

1. Recopilar y analizar información.
2. Documentar el avance y situación de un producto por medio de un proceso.
3. Monitorear y rastrear información.

4. Hacer comparaciones de un periodo a otro.
5. Solicitar actividades específicas (materiales, documentos, información, etcétera).
6. Obtener aprobaciones o autorizaciones.
7. Innovar y mejorar continuamente.
8. Presentar evidencias del funcionamiento de un proceso.
9. Aprobar auditorías internas y externas.
10. Elaborar estadísticas y reportes de tendencias.

Los formatos y registros tienen que ver con clientes, proveedores, procesos, colaboradores, gerencias, direcciones, sindicato, gobierno, comunidad, etcétera. Los formatos y registros que son generados por la organización pueden ser controlados y los que entrega el Instituto Mexicano del Seguro Social (IMSS), el Sistema de Administración Tributaria (SAT) y otras organizaciones públicas y privadas, de las cuales somos usuarios, no los podemos ni debemos controlar. La mejora de esos formatos está en manos de las organizaciones públicas y privadas correspondientes.

En la organización es conveniente que todos los formatos estén debidamente controlados, codificados e identificados para facilitar tanto el control interno como la reproducción y el abastecimiento adecuado de la papelería correspondiente. Por supuesto, antes de controlar los formatos hay que hacer una depuración de aquéllos que realmente sean útiles.

Al llegar a la fase de diseño o rediseño de formatos (en papel o electrónicos) es importante tomar en cuenta los siguientes requisitos:

- Definir claramente los objetivos o propósitos del formato.
- Asignarle un código para que sea fácilmente identificado y de dominio general, acorde a la codificación utilizada dentro de la organización en el procedimiento maestro respectivo. Por ejemplo, "llena una 232 (formato para aprobación de muestras iniciales)", "dame una 96 (formato de desviación de calidad)", etcétera. En el caso de los registros electrónicos ya no es necesario codificarlos porque forma parte integrada del correspondiente sistema de información de la propia organización.
- Conocer perfectamente los requisitos de todas las áreas involucradas para asegurar que a todos les sea útil.

- Solicitar en todos los cuadros o renglones del formato únicamente información útil y comprensible (en lenguaje sencillo).
Esto es fácil de evaluar: si un formato no se llena completamente
o los usuarios le ponen información adicional (no solicitada),
será una señal de que requiere mejoras. Un buen formato es
aquél que se llena 100% y no pide información de más ni de
menos, justo lo que se necesita, facilitando así la comunicación
entre personas y áreas.
- Hay que usar, de preferencia, materiales como papel bond, car-
tulina, etiqueta adherible, etcétera, en tamaños estándar (carta,
media carta o un cuarto de carta). Esto simplifica su reproducción y abastecimiento. Si el formato es electrónico, se deben
tomar en cuenta las características de las impresoras.
- Evaluar la cantidad de copias que realmente se necesitan. No hace
falta entregarles copia a todos los directores y gerentes de la organización sobre la información cotidiana. Además, no necesariamente la persona que autoriza un documento debe conservar una
copia, si sabe dónde se archiva es suficiente y, en caso de nece-
sitarlo, sabrá dónde buscarlo. Apoyemos la cultura *paperless* (sin
papel) y aprovechemos el correo electrónico y los CRM, SAP y ERP.
- Evitar la repetición de formatos similares. Esto, además de eliminar desperdicio, evitará muchas confusiones y errores.
- Foliar todas las órdenes de trabajo, requisiciones, solicitudes,
remisiones, facturas, los recibos, contrarrecibos, reportes y todos los formatos donde la secuencia en el tiempo y control sean
factores muy importantes, asegurará un mejor seguimiento y
rastreo.
- Al usar formatos de color es conveniente que, de preferencia, los
colores enfaticen y refuercen a simple vista el tipo de información requerida. Por ejemplo, si se tiene una etiqueta de aprobación de material, convendría que fuera verde. Si un material es
de dudosa calidad, podría ser anaranjado. Si el material ha sido
rechazado, el indicado podría ser el rojo.
- Depurar toda la papelería para evitar contaminación y confusión
con los nuevos formatos, para lo cual es conveniente destruir
todo lo que sea obsoleto.
- Definir el tiempo que se deben guardar los formatos llenos (registros y evidencias). Este tiempo debe estar claramente estipu-
lado en alguna política o procedimiento y en función del tipo

particular de registro, de acuerdo a los requerimientos legales, fiscales, contractuales o directivos.

Los formatos serán parte de los manuales por lo que es importante que se anexen en una sección claramente definida presentando un formato lleno como ejemplo y, cuando se considere conveniente, también su instructivo de llenado. En algunas ocasiones los formatos son anexados directamente junto con algún método o procedimiento.

Es importante que, por política, los formatos también sean revisados con la misma frecuencia que todos los demás documentos controlados. Una frecuencia razonable es, cuando menos, una vez al año. Además es conveniente conocer a simple vista el nivel de revisión que tienen estos documentos, agregándoles algún código especial.

¿Cuáles son los procedimientos y formatos maestros?

Desde la primera edición, donde acuñé el concepto de procedimiento y formato maestros, muchos de mis clientes y lectores me han externado su agradecimiento porque tener una guía que les indique el contenido de cada documento les ha servido para empezar a elaborar sus documentos controlados.

Los siguientes documentos maestros tienen la misma intención de facilitarle al lector y elaborador de manuales de políticas y procedimientos su gran tarea empresarial:

Cuadro 4. Ejemplo de relación de procedimientos y formatos maestros.

CÓDIGO	NOMBRE DEL DOCUMENTO
GAC-POL-01	Política maestra para elaborar y controlar documentos controlados y registros controlados.
GAC-PRO-02	Procedimiento maestro para elaborar documentos controlados y registros controlados.
GAC-MÉT-03	Método maestro para elaborar diagramas de flujo.

GAC-PRO-04	Procedimiento maestro para revisar y mejorar documentos controlados.
GAC-FOR-05	Formato maestro para elaborar manuales de políticas y procedimientos.
GAC-FOR-07	Formato maestro para elaborar planes de calidad.
GAC-FOR-09	Formato maestro para elaborar políticas.
GAC-FOR-11	Formato maestro para elaborar procedimientos.
GAC-FOR-13	Formato maestro para elaborar métodos.
GAC-FOR-15	Formato maestro para elaborar organigramas.
GAC-FOR-17	Formato maestro para elaborar perfiles de puesto.
GAC-FOR-19	Formato maestro para elaborar descripciones de puesto.
GAC-FOR-21	Formato maestro para elaborar formatos.
GAC-FOR-23	Formato maestro para elaborar registros.
GAC-FOR-25	Formato maestro para elaborar especificaciones.

Por supuesto, estos procedimientos y formatos maestros son para que usted los adapte a su gusto, estilo, necesidad y cultura organizacionales. Esto significa que si para usted, por ejemplo, el contenido del procedimiento maestro le parece muy extenso o complicado y prefiere simplificarlo a tres secciones, está muy bien. Lo importante es que todos sus documentos controlados sean estandarizados y tengan una misma imagen, que sean como hermanos gemelos.

Ejemplo del contenido simplificado de un procedimiento:

1. Propósito del procedimiento.
2. Desarrollo del procedimiento.
3. Autorizaciones del procedimiento.

Cualquier otro procedimiento maestro no es bueno ni malo, simplemente es un procedimiento maestro diferente para cada organización. Atrévase a proponer sus propios procedimientos y formatos maestros.

Los códigos de los procedimientos maestros

En la primera sección llevan tres letras GAC, que significan Grupo Albe y en la segunda sección se pone la abreviatura del nombre del documento. Por ejemplo:

DESC	Descripción de puesto.
ESP	Especificación.
FOR	Formato.
ILL	Instructivo de llenado de formato.
MAN	Manual de políticas y procedimientos.
MET	Método.
ORG	Organigrama.
PERFIL	Perfil de puesto.
PLAN	Plan de calidad.
POL	Política.
PRO	Procedimiento.
REG	Registro.

En la tercera sección se coloca un número consecutivo arábigo único para cada documento, a partir del 01, en el orden que soliciten el código al responsable (en el caso de Grupo Albe, es la directora de administración).

A continuación se presentan algunos ejemplos de otros códigos de documentos controlados.

Cuadro 5. Códigos de dos secciones.

NOMBRE DEL DOCUMENTO	NÚMERO CONSECUTIVO
POL	01
PRO	02
MAN	03
FOR	04
MÉT	05

DESC	06
PER	07
ILL	08

Cuadro 6. Códigos de tres secciones.

Nombre del área autorizada	Nombre del documento	Número consecutivo
Recursos humanos	POL	01
Administración	PRO	02
Compras	MAN	03
Dirección general	FOR	04
Sistemas	MÉT	05
Producción	DESC	06
Control de calidad	PERFIL	07
Ventas corporativas	PLAN	08

Cuadro 7. Códigos de cuatro secciones.

Proceso	Nombre del área autorizada	Nombre del documento	Número consecutivo
Administración de los recursos humanos	Capacitación	POL	01
Manufactura	Producción	PRO	02
Manufactura	Ingeniería	MAN	03
Manufactura	Investigación y desarrollo	FOR	04
Administración de los recursos tecnológicos	Sistemas	MÉT	05
Comercialización	Mostrador	DESC	06

| Distribución | Logística | PERFIL | 07 |
| Administración de los recursos financieros | Auditoría | ILL | 08 |

Cuadro 8. Códigos de tres secciones con la numeración que empieza desde 01 para cada área.

NOMBRE DEL ÁREA AUTORIZADA	NOMBRE DEL DOCUMENTO	NÚMERO CONSECUTIVO
Auditoría	PLAN	01
Auditoría	ORG	02
Auditoría	POL	03
Capacitación	POL	01
Capacitación	PRO	02
Capacitación	REG	03
Sistemas	MÉT	01
Sistemas	PERFIL	02
Sistemas	DESC	03
Logística	PERFIL	01
Logística	PLAN	02
Logística	ORG	03
Producción	PRO	01
Producción	REG	02
Producción	MÉT	03

Cuadro 9. Códigos de cuatro secciones con la numeración que empieza desde 01 para cada área.

Proceso	Nombre del área autorizada	Nombre del documento	Número consecutivo
Administración de los recursos financieros	Auditoría	PLAN	01
Administración de los recursos financieros	Auditoría	ORG	02
Administración de los recursos financieros	Auditoría	POL	03
Administración de los recursos financieros	Auditoría	PRO	04
Administración de los recursos financieros	Crédito	ORG	01
Administración de los recursos financieros	Crédito	PRO	02
Administración de los recursos financieros	Crédito	FOR	03
Administración de los recursos financieros	Contabilidad	PRO	01
Administración de los recursos financieros	Contabilidad	MÉT	02
Administración de los recursos financieros	Tesorería	PLAN	01
Administración de los recursos financieros	Tesorería	PRO	02

Administración de los recursos financieros	Tesorería	PERFIL	03
Administración de los recursos financieros	Tesorería	DESC	04
Administración de los recursos financieros	Tesorería	REG	05

No existe buena ni mala codificación, lo que existe es una codificación diferente para cada organización. Atrévase a proponer su propio código y encuentre la codificación que mejor le convenga a usted y su organización. Si al paso del tiempo ve la conveniencia de modificarlo hágalo con toda la confianza de que va a funcionar bien. Recuerde lo que decía Heráclito: "Lo único permanente es el cambio".

Para controlar los documentos es necesario que una persona asignada sea quien otorgue los códigos y mantenga la lista maestra de documentos controlados siempre actualizados.

En cuanto al proceso de emisión, revisión y autorización de documentos controlados, cada organización debe decidir cuál es el mejor procedimiento. En general, desde mi perspectiva, lo deben firmar tres personas: primero, la persona que elabora el documento; segundo, lo revisa su jefe inmediato, siempre y cuando sea un gerente o director de área, y, tercero, lo aprueba la máxima autoridad designada para ello dentro de la organización, no necesariamente el director general, puede ser el gerente de Administración, el gerente de Recursos Humanos o de el gerente de Gestión de Calidad.

Cada director y gerente de área podría tener una sola copia en papel de su manual de políticas y procedimientos con las firmas originales en cada documento autorizado. También se podría considerar autorizado y actualizado un documento que ya está en el sistema electrónico de la organización.

De nueva cuenta, cada organización decidirá por cuántas manos pasa un documento para ser autorizado y qué forma tiene para controlar, consultar, modificar, actualizar y enriquecer los manuales de políticas y procedimientos de cada área.

La teoría es asesinada tarde o temprano por la
experiencia.

Albert Einstein

CAPÍTULO TRES

Diseñar la estructura documental

La tontería se coloca siempre en primera fila para ser vista, la inteligencia detrás para ver.

CARMEN SYLVA

En la tercera etapa se definirá la cantidad exacta de documentos a elaborar. ¿Cuántos organigramas, mapeos de proceso y perfiles de puesto? ¿Cuántas descripciones de puesto, cuántas políticas? ¿Cuántos procedimientos, métodos, formatos e instructivos de llenado de formatos? ¿Cuántas especificaciones? Se formaliza la fecha límite para terminar todos los manuales y documentos controlados y se define quiénes son los responsables de su elaboración y las fechas en que deben liberar sus documentos correspondientes.

En esta etapa nace el nivel de complejidad y efectividad de la documentación. El propósito es solamente controlar lo que es crítico y esencial para la buena dirección, adminisración y operación de la organización. El exceso de burocracia es enemiga de la efectividad.

Definiciones asociadas

Proceso. Transformación de insumos en productos terminados.

Macroproceso. Conjunto de procesos dentro de una organización.

Subproceso. Pequeño proceso dentro de un proceso.

Proceso estratégico. Proceso que está directamente relacionado con el producto ofrecido a los clientes externos, el negocio central (*core business*) y la finalidad de la organización.

Proceso de apoyo. Proceso que apoya a un proceso estratégico.

Mapeo de proceso. Gráfica que muestra la interacción proveedores, subprocesos y clientes.

Plan de calidad. Documento controlado que muestra la interacción entre proveedores, subprocesos y clientes y resume los documentos y registros controlados involucrados en el proceso. (Véase el formato maestro para elaborar planes de calidad [GAC–FOR–07]).

Tipos de organización

El punto de partida es reconocer el tipo de organización, los objetivos específicos, el alcance del proyecto, y la cantidad de procesos y subprocesos.

Una organización puedes ser de manufactura, comercialización, pública, privada, con o sin fines de lucro, de una sola instalación, un corporativo, una matriz o varias sucursales o franquicias.

Objetivos de los manuales de políticas y procedimientos

Es importante que los directivos y empresarios tengan claro que los manuales de políticas y procedimientos pueden ser un excelente medio para alcanzar grandes objetivos y sueños, pero estos manuales no son un fin en sí mismos.

La utilidad y el beneficio de los manuales son que toda la gente sepa cómo hacer bien, o de forma excelente, su trabajo. El fin de una organización no es solamente tener manuales presentables, sino implantarlos y considerarlos como una herramienta administrativa con vida y que requiere ser alimentada continuamente con los nuevos y mejores conocimientos y experiencias de todos los colaboradores de la organización.

Algunos de los objetivos de los manuales cuando son tomados correctamente como un medio y no como un fin son:

1. Incrementar el nivel de productividad personal y organizacional.
2. Ser una organización más institucional.
3. Alinear todos los procesos administrativos y operativos con los objetivos estratégicos de la organización.
4. Acelerar el crecimiento económico y el desarrollo organizacional.
5. Optimizar la administración, mejorar los resultados e incrementar las utilidades de la organización.
6. Rediseñar los procesos de cada una de las diferentes unidades estratégicas de negocio.
7. Asegurar que todos los colaboradores de la organización repitan los procesos consistentemente y con calidad.
8. Delegar confiablemente responsabilidades en los colaboradores.
9. Que todo el mundo sepa cuáles son sus políticas y procedimientos.
10. Capacitar rápida y correctamente a los colaboradores de la organización, tanto a los de nuevo ingreso como a los de mayor antigüedad.
11. Incrementar las ventas, utilidades y el desempeño de las sucursales y franquiciatarios.
12. Mejorar la comunicación con los franquiciatarios al clarificar derechos y responsabilidades y darles acceso a la información actualizada de la página web de la organización.
13. Mantener capacitados a los franquiciatarios.
14. Generar la versión 01 (cero uno) de los manuales de políticas y procedimientos.

En la medida que los objetivos del proyecto de elaboración de los manuales de políticas y procedimientos sean pocos y estén bien definidos, se revisará el enfoque de cada uno de los documentos elaborados.

Utilizo como ejemplo a una organización que denominaré Comercializadora Internacional, S. A. de C. V., que se dedica a la venta de muebles residenciales y de oficinas hechos con maderas preciosas. Realiza sus ventas por medio de dos canales: venta al público en mueblerías y ventas por mayoreo.

Figura 1. Ejemplo de un mapeo general de procesos.

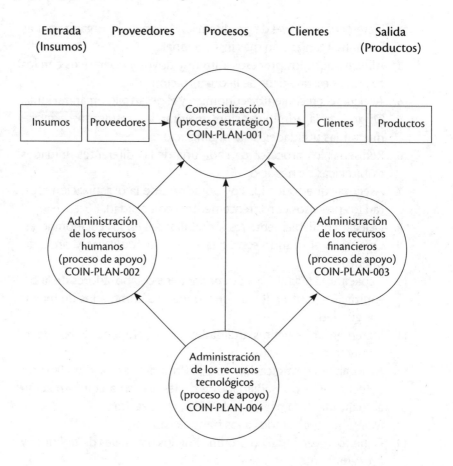

Figura 2. Ejemplo de un mapeo del proceso estratégico de comercialización.

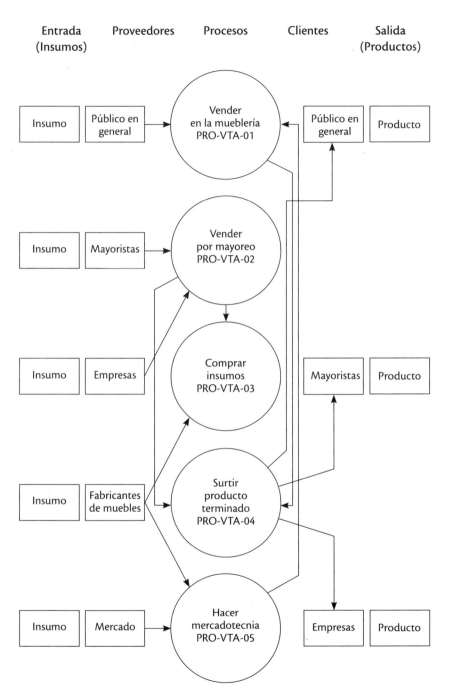

MANUAL PARA ELABORAR MANUALES...

Figura 3. Ejemplo de mapeo del proceso de apoyo de administración de los recursos humanos.

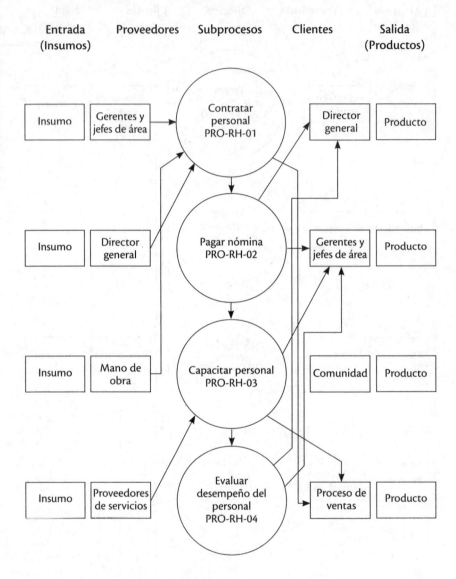

DISEÑAR LA ESTRUCTURA DOCUMENTAL

Figura 4. Ejemplo de un mapeo del proceso de apoyo
de administración de los recursos financieros.

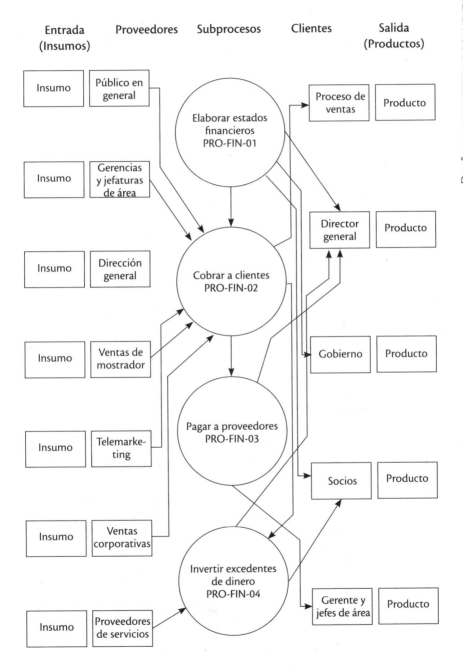

Figura 5. Ejemplo de mapeo del proceso de apoyo de administración de los recursos tecnológicos.

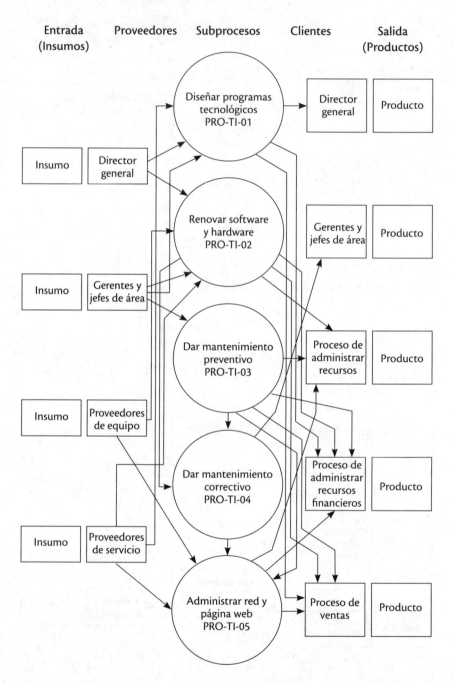

Al elaborar todos los mapeos de los procesos de la organización, el líder del proyecto debe entender el funcionamiento de la organización y tener un panorama completo de la cantidad de documentos controlados a desarrollar.

¿Cuántos documentos controlados hay que hacer?

El mapeo es la guía sobre la cual se irá definiendo y alineando la elaboración de los documentos controlados. Aquí les presento, como ejemplo, una tabla que les puede servir como base.

Cuadro 1. Ejemplo de la cantidad documentos controlados.

Documentos controlados	Cantidad	Empresas		
		Peq.	Med.	Gde.
Planes de calidad	Uno por cada proceso.	0-3	3-6	6+
Mapeos	Uno general de los procesos y uno de cada uno de estos.	0-3	3-6	6+
Organigramas	Un organigrama general que muestre a los responsables de cada proceso y uno de cada proceso.	0-3	3-6	6+
Perfiles de puesto	La cantidad de puestos autorizados en la organización. No se hace un perfil de puesto por cada persona que trabaja en la organización.	0-10	10-30	30+
Descripciones de puesto	La cantidad de puestos autorizados en la organización.	0-10	10-30	30+
Políticas	Una por cada proceso más, y las adicionales que sean necesarias elaborar sobre temas específicos.	0-3	3-6	6+

Procedimientos	Uno por cada subproceso, y los adicionales que sean necesarios elaborar sobre actividades específicas.	0-20	20-60	60+
Métodos	Uno por cada subproceso, cuando no haya un procedimiento por desarrollar en este subproceso. Los que sean necesarios para complementar detalladamente las actividades generales mencionadas dentro de un procedimiento. Éste último puede o no llevar uno o más métodos.	0-20	20-60	60+
Formatos	Los que sean necesarios para aplicar un método o procedimiento. Éstos pueden o no llevar uno o más formatos.	0-20	20-60	60+
Instructivos de llenado de formatos	Máximo uno por cada formato. En ocasiones el formato es tan sencillo de comprender que para llenarlo no hace falta agregarle instructivo.	0-20	20-60	60+
Especificaciones	Las que sean necesarias para controlar la calidad de los insumos y productos en proceso o terminados. Un método o procedimiento puede o no llevar especificaciones.	0-20	20-60	60+
Registros	Los que sean necesarios para evidenciar la aplicación de los documentos controlados. Este tipo de documentos puede o no llevar registros. Todo registro es un formato, pero no todo formato se convierte en un registro. Primero se codifica y aprueba el formato y, a partir de ahí, cuando sea necesario tener uno, se codifica el registro correspondiente.	0-20	20-60	60+
Total		0-152	152-444	444+

Programa de trabajo para elaborar
los manuales de políticas y procedimientos

Si ya contamos con todos los mapeos, podemos hacer el programa de trabajo para elaborar manuales de políticas y procedimientos. Veamos el siguiente ejemplo:

Cuadro 2. Ejemplo de proceso de comercialización de
Comercializadora Internacional S. A. de C. V.

Código del documento	Nombre del documento	Responsable de elaboración	Fecha de liberación
DIR-ORG-01	Organigrama general de Comercializadora Internacional S. A. de C. V.	Gerente general	1° de enero
RH-PLAN-01	Plan de calidad del proceso "Administrar recursos humanos"	Gerente de Recursos Humanos	15 de enero
FIN-PLAN-01	Plan de calidad del proceso "Administrar recursos financieros"	Gerente de Finanzas	15 de enero
TI-PLAN-01	Plan de calidad del proceso "Administrar recursos tecnológicos"	Gerente de Tecnología de la Información	15 de enero
COM-PLAN-01	Plan de calidad del proceso "Ventas"	Gerente de Ventas	15 de enero
COM-ORG-02	Organigrama del proceso "Ventas"	Gerente de Ventas	15 de enero
COM-PERFIL-03	Perfil de puesto del gerente de Ventas	Gerente de Ventas	30 de enero
COM-PERFIL-04	Perfil de puesto del jefe de Ventas	Gerente de Ventas	30 de enero
COM-PERFIL-05	Perfil de puesto del gerente de mueblería	Jefe de Ventas	30 de enero
COM-PERFIL-06	Perfil de puesto del vendedor de mueblería	Gerente de la mueblería	30 de enero

COM-PERFIL-07	Perfil de puesto del ejecutivo de ventas de mayoreo	Jefe de Ventas	30 de enero
COM-DES-08	Descripción de puesto del gerente de Ventas	Gerente de Ventas	15 de febrero
COM-DES-09	Descripción de puesto del gerente de mayoreo	Gerente de Ventas	15 de febrero
COM-DES-10	Descripción de puesto del gerente de mueblería	Gerente de Ventas	15 de febrero
COM-DES-11	Descripción de puesto del vendedor de mueblería	Gerente de la mueblería	15 de febrero
COM-DES-12	Descripción de puesto del ejecutivo de venta de mayoreo	Gerente de Ventas de mayoreo	15 de febrero
COM-POL-13	Política para comercializar	Gerente de Ventas	15 de febrero
COM-PRO-14	Procedimiento para vender en mueblería	Gerente de la mueblería	28 de febrero
COM-PRO-15	Procedimiento para vender por mayoreo	Gerente de Ventas de mayoreo	28 de febrero
COM-PRO-16	Procedimiento para comprar	Gerente de Compras	28 de febrero
COM-PRO-17	Procedimiento para almacenar los muebles	Gerente del almacén	28 de febrero
COM-PRO-18	Procedimiento para entregar los muebles	Gerente del almacén	28 de febrero
COM-MÉT-19	Método para hacer negociaciones especiales con proveedores	Gerente de Compras	28 de febrero
COM-MÉT-20	Método PEPS (primeras entradas primeras salidas) para movimiento de muebles en el almacén	Gerente del almacén	28 de febrero
COM-FOR-21	Lista de precios y descuentos	Gerente de Compras	15 de marzo
COM-FOR-22	Pedido de clientes	Gerente de Compras	15 de marzo

COM-FOR-23	Orden de compra a proveedores	Gerente de Compras	15 de marzo
COM-FOR-24	Inspección de recibo de muebles	Gerente del almacén	15 de marzo
COM-FOR-25	Acuse de recibo de la entrega de muebles al cliente	Gerente del almacén	15 de marzo
COM-FOR-26	Encuesta de satisfacción del cliente	Gerente de Ventas	15 de marzo
COM-ILL-27	Instructivo de llenado para el formato "Pedido del cliente"	Gerente de Compras	15 de marzo
COM-ILL-28	Instructivo de llenado para el formato "Inspección de recibo de muebles"	Gerente del almacén	15 de marzo
COM-ESP-29	Especificación de empaque para recibir muebles de proveedores	Gerente del almacén	30 de marzo
COM-ESP-30	Especificación de etiquetado de producto en inventario	Gerente del almacén	30 de marzo
COM-ESP-31	Especificación de condiciones de pago y entrega de muebles al cliente	Gerente de Ventas	30 de marzo
COM-FOR-32	Formato "Reporte de ventas diarias en mueblería"	Gerente de la mueblería	1° de abril
COM-REG-33	Reporte de ventas diarias en mueblería	Gerente de la mueblería	1° de abril
COM-FOR-34	Formato "Reporte de ventas diarias en mayoreo"	Gerente de Ventas de mayoreo	1° de abril
COM-REG-35	Reporte de ventas diarias en mayoreo	Gerente de Ventas de mayoreo	1° de abril

Es obvio que, al momento de empezar a desarrollar los documentos previamente visualizados, se descubrirán nuevos por desarrollar. Por ello, los números utilizados en los códigos para cada área que elaborará sus manuales de políticas y procedimientos son consecutivos en función de su orden de aparición. No se puede estandarizar, por ejemplo, que todos los números 01 de todas las áreas autorizadas sean un mapeo ni que los números 12 sean un procedimiento. Cuando la organización crece o modifica sus procesos, en consecuencia, empiezan a aparecer otras áreas autorizadas para tener sus propios manuales, o bien, a algunas áreas ya autorizadas se le agregaron o quitaron algunos procesos. Por lo que todos los documentos controlados deberán ser codificados. El responsable definido por la organización debe tener siempre el control y actualización de todos los documentos y registros controlados en su lista maestra.

Cuadro 3. Ejemplo de documentos codificados.

CÓDIGO DEL DOCUMENTO	NOMBRE DEL DOCUMENTO	RESPONSABLE DE ELABORACIÓN	FECHA DE LIBERACIÓN
COM-PRO-36	Procedimiento para hacer mercadotecnia	Gerente de Ventas	30 de abril
COM-PRO-37	Procedimiento para hacer la venta nocturna	Gerente de Ventas	30 de abril
COM-POL-38	Política para ofertar y rematar muebles	Gerente de Ventas	30 de abril
COM-FOR-39	Formato para hacer devoluciones de calidad al proveedor	Gerente del almacén	30 de abril

Cuando ya tenemos la lista preliminar o definitiva de los documentos por elaborar, se puede determinar la fecha de elaboración de los manuales de políticas y procedimientos o, si ya existe, determinar la cantidad de personas (internas o externas, de tiempo completo o parcial, de planta o becados, colaboradores o consultores) que necesita involucrar la organización.

Definir el diseño de la estructura documental es equivalente a tener dibujados los planos de construcción de una nueva casa o de un nuevo edificio. Ya se sabe cuáles serán las dimensiones del proyecto y se tiene un presupuesto de los recursos técnicos, humanos y económicos que se necesitan. Ahora sólo falta establecer cuándo comienza la construcción y motivar a todos los directores, gerentes y colaboradores de experiencia a continuar haciendo el trabajo cotidiano y dedicar tiempo y esfuerzo a la elaboración de documentos controlados.

Para documentar sus procesos, la gente con experiencia que no sepa manejar la computadora o programas como Word y Visio puede apoyarse en gente que sí lo sepa y tenga la paciencia y disposición para ayudarlos.

Todo lo que necesitas es un plan, un mapa y el valor para continuar hasta tu destino.

EARL NIGHTINGALE

Capítulo Cuatro

Desarrollar los documentos controlados

La inspiración existe, pero tiene que encontrarte trabajando.

PABLO RUIZ PICASSO

En la cuarta etapa el líder del proyecto trabaja con capacitación y consultoría, tanto en sesiones individuales como grupales, para trabajar de manera continua durante las varias semanas que tengan disponibles para terminar los manuales. Cada director o gerente de proceso debe medir el avance de cada uno de sus documentos por lo menos una vez al mes, así como el líder del proyecto debe hacer una presentación al equipo directivo de los avances en todos los manuales de políticas y procedimientos, las áreas que van en tiempo y forma, y las áreas retrasadas.

En esta etapa todos los líderes internos designados por la organización participan con el equipo de consultoría para trabajar simultáneamente en todas las áreas y generar la cantidad de documentación requerida por el proyecto. Es decir, si el proyecto es terminar los manuales en cuatro meses, entonces al final de cada mes se debe llevar un avance de 25% de la documentación identificada en la tercera etapa.

Uso de los procedimientos maestros
para elaborar manuales de políticas y procedimientos

Para elaborar cada documento controlado se deben utilizar los procedimientos y formatos maestros presentados al final de este manual. En el capítulo 2 se explicaron las definiciones y conceptos correspondientes (véase el cuadro 4). Sin embargo, si hace falta que a todos los responsables de elaboración, revisión y aprobación de documentos se les explique nuevamente cada uno de los procedimientos y formatos maestros, se puede hacer un repaso y empezar a hacer ejemplos reales para una mejor comprensión. Como dice la frase célebre de Confucio: "Si escucho, olvido; si veo, recuerdo; pero si hago, aprendo".

Opciones para elaborar los manuales
de políticas y procedimientos

Un proyecto de elaboración de manuales de políticas y procedimientos implica trabajo en equipo y tiempo. A continuación, sugerimos opciones para el desarrollo de éstos:

- PRIMERA OPCIÓN. Que cada persona elabore sus documentos de manera individual en sus tiempos libres, tanto en el trabajo como en su casa.
  Ventaja: Cada quien trabaja a su propio ritmo.
  Desventaja: Puede haber muchos retrasos por correcciones y lentitud en el desarrollo de los documentos.
- SEGUNDA OPCIÓN. Que las personas de un mismo proceso o área trabajen todas las semanas en tiempo, día y hora definidos. Por ejemplo, el área de Ventas podría reunirse varias horas los miércoles en la sala de juntas para trabajar en orden y por prioridades hasta que termine de elaborar todos los documentos que le corresponden.
  Ventaja: Todos los conocedores de un proceso están juntos y pueden ir enriqueciendo los documentos.
  Desventaja: Hay que asegurarse de que todos participen en el mismo horario, sin interrupciones ni llamadas telefónicas.
- TERCERA OPCIÓN. Que las personas encargadas de dos o más procesos trabajen todas las semanas en tiempo, día, y hora definidos.

Por ejemplo, todos los responsables de elaborar documentos podrían reunirse varias horas los sábados en la sala de juntas todas las semanas para trabajar en orden y por prioridades hasta que terminen de elaborar todos los manuales.

Ventaja: Todos pueden ver los ejemplos reales de otras personas y cómo se relacionan sus documentos con los de otros procesos.

Desventaja: Hay que asegurar que todo el equipo esté comprometido a ayudarse.

- CUARTA OPCIÓN. Designar a una persona o equipo de personas de la propia organización, de tiempo completo, para que elabore todos los manuales de políticas y procedimientos.

  Ventaja: Los miembros de la organización no pierden tiempo elaborando documentos.

  Desventaja: Hay que prescindir de la persona o del equipo de personas durante el tiempo que dure el proyecto.

- QUINTA OPCIÓN. Contratar a un despacho de consultoría especializado como Grupo Albe para que elabore todos los manuales de políticas y procedimientos.

  Ventaja: Los miembros de la organización no pierden mucho tiempo elaborando documentos y sólo proporcionan información.

  Desventaja: El costo seguramente será mayor por tener, cuando menos, un consultor o un equipo de consultoría en la duración del proyecto de elaboración.

Por mi experiencia como consultor me inclino por la segunda y quinta opciones ya que cualquier proyecto de elaboración de manuales de políticas y procedimientos, implica un trabajo en equipo y terminarlos es como quitarse una piedra del zapato. Por ello, entre más pronto se termine el proyecto y la gente regrese de tiempo completo a sus funciones a implantar las mejoras, será más productivo.

Estrategias para asegurar el éxito de su elaboración

1. El líder del proyecto combinará actividades de capacitación y consultoría a lo largo del proyecto, tanto en sesiones individuales como grupales, previamente agendadas con cada uno de los involucrados.

2. La organización proporcionará un equipo de líderes internos de todas las áreas con conocimientos y experiencia en todos los procesos, quienes serán el principal vínculo de comunicación, información y validación con el líder del proyecto.

3. La organización y el líder del proyecto trabajarán conjuntamente a lo largo de este plan de consultoría para elaborar, revisar y aprobar las políticas y los procedimientos y documentos controlados de cada proceso incluido en cada una de sus direcciones, gerencias y jefaturas.

4. Cada mes el líder del proyecto presentará al equipo directivo de la organización un reporte de avances para asegurar el cumplimiento, en tiempo y forma, de los respectivos manuales de políticas y procedimientos.

La versión 00 (o nueva)

El contenido de los manuales se diseñará e implantará con la mejor experiencia de los líderes internos, personal involucrado y líder del proyecto de la organización: la eliminación de errores, cuellos de botella, duplicidades y omisiones del sistema de trabajo y las mejoras y los documentos aprobados por la máxima autoridad nombrada para ello por la organización.

La versión 00 debe ser por completo auditable en el momento que se difunda el documento. Es como lo dice la iso 9000: "Haz lo que dices y di lo que haces". No hay que decir ni hacer más de lo que indica el documento. Si se hacen cosas mejores que faciliten el logro de los objetivos, entonces es tiempo de actualizar el documento. Si aún no se hacen las cosas que dice el documento, es tiempo de moderar su contenido. Así que, independientemente de que haya revisiones o auditorías, todos los documentos deberán ser siempre respetados de 90 a 95%. Recuerde que, a veces, hay excepciones.

Por lo tanto, si hubiese algunos cambios o mejoras que todavía no pueden implantarse, entonces convendrá aplicarlos hasta la versión 01 o subsiguientes.

Posteriormente, y de manera rutinaria, para asegurar la congruencia entre lo que se dice y se hace cada año o antes, se generarán las versiones 01, 02 y así sucesivamente, con todas las mejoras que se vayan detectando en el proceso por eliminación de cuellos de botella, creación o modificación de puestos, automatización, una mayor experiencia de los usuarios, regulaciones gubernamentales, certificaciones con normas nacionales o internacionales, etcétera.

Reportes de avances del proyecto de elaboración de los manuales de políticas y procedimientos

Se puede calificar semanal o mensualmente a cada director o gerente responsable de elaborar documentos, de la siguiente manera:

0% = No se ha hecho nada.
25% = Se tiene el borrador.
50% = Está en limpio y liberado por la persona que lo elaboró.
75% = Aprobado por el gerente de recursos humanos.
100% = Se difundió y se está implantando.

Cuadro 1. Ejemplo de evaluación para los gerentes o responsables.

Código del documento	Nombre del documento	Responsable de elaboración	Avance al 2 de febrero
DIR-ORG-01	Organigrama general de Comercializadora Internacional S. A. de C. V.	Gerente general	100%
RH- PLAN-01	Plan de calidad del proceso de administración de los recursos humanos	Gerente de recursos humanos	75%
FIN- PLAN-01	Plan de calidad del proceso de administración de los recursos financieros	Gerente de finanzas	50%
TI- PLAN-01	Plan de calidad del proceso de administración de los recursos tecnológicos	Gerente de tecnología de la información	25%
COM- PLAN-01	Plan de calidad del proceso de comercialización	Gerente de ventas	0%

Los reportes mensuales presentados al equipo directivo sirven para asegurar que se cumpla la meta de terminar los manuales de políticas y procedimientos en los meses definidos. El propósito es elaborar e implantar los manuales correcta y satisfactoriamente dentro de la organización.

Cuadro 2. Ejemplo de reporte de avances de
Comercializadora Internacional S. A. de C. V. al 5 de marzo.

Documento	Gerente de Recursos Humanos	Gerente de Finanzas	Gerente de Tecnología de la Información	Gerente de Ventas
Planes de calidad	1 de 1 (100%)	1 de 1 (100%)	1 de 1 (100%)	1 de 1 (100%)
Organigramas	1 de 1 (100%)	1 de 1 (100%)	1 de 1 (100%)	1 de 1 (100%)
Perfiles de puesto	4 de 4 (100%)	3 de 3 (100%)	2 de 2 (100%)	5 de 5 (100%)
Descripciones de puesto	4 de 4 (100%)	3 de 3 (100%)	2 de 2 (100%)	5 de 5 (100%)
Políticas	1 de 1 (100%)	1 de 1 (100%)	1 de 1 (100%)	1 de 1 (100%)
Métodos	2 de 3 (67%)	2 de 4 (50%)	8 de 10 (80%)	2 de 2 (100%)
Procedimientos	8 de 12 (67%)	5 de 6 (83%)	5 de 5 (100%)	4 de 5 (80%)
Formatos	11 de 15 (73%)	4 de 8 (50%)	10 de 12 (83%)	6 de 6 (100%)
Instructivos de llenado de formatos	7 de 15 (47%)	4 de 8 (50%)	10 de 12 (83%)	6 de 6 (100%)
Especificaciones	0 de 0 (100%)	0 de 0 (100%)	0 de 2 (0%)	2 de 3 (67%)
Avance por proceso	39 de 56 (70%)	24 de 35 (69%)	40 de 48 (83%)	33 de 35 (94%)
Global	136 de 174 (78%)			

Por supuesto, cada organización tiene la opción de decidir cómo quiere guardar su información electrónica: *a)* en casa con ligas de documentos de Microsoft Office (Word, Power Point, Excel, Visio), *b)* en intranet dentro de su propio sistema tecnológico o *c)* comprar un software que le administre sus manuales de políticas y procedimientos.

En conclusión, en esta etapa el líder del proyecto trabaja con capacitación y consultoría (en sesiones individuales y grupales) de manera sostenida durante las varias semanas que estén disponibles para terminar los manuales.

Cada director o gerente de proceso debe medir, cuando menos una vez al mes, el avance de cada uno de sus documentos.

El líder del proyecto debe hacer, cuando menos una vez al mes, una presentación al equipo directivo de los avances de todos los manuales de políticas y procedimientos de las áreas que van en tiempo y forma y de las áreas que van retrasadas.

El ganador es el chef que toma los mismos ingredientes que los demás y produce el mejor resultado.

EDWARD DE BONO

Capítulo Cinco

Difundir los manuales de políticas y procedimientos

> Lo más importante en este mundo no es saber dónde estás sino hacia dónde vas.
>
> GOETHE

En esta última etapa se le mostrará a todo el personal la forma como quedaron estructurados los manuales de la organización, quién tiene los originales firmados y cómo se pueden consultar los manuales electrónicos en el sistema. A cada persona, en sesiones grupales de capacitación, se le indicará cuáles son los documentos que necesita conocer para realizar su trabajo con un nivel de excelencia. Periódicamente se harán auditorías para asegurar que el personal se esté apegando a las políticas y procedimientos autorizados.

Esta etapa es la que marca la diferencia entre ser una organización exitosa o no porque, más que sólo tener manuales documentados, es que 100% de la gente viva la nueva cultura de eficiencia y efectividad organizacional. Ahora se cuenta con una autopista de cuota que permite llegar rápida y seguramente a su destino. Los atajos siempre son más riesgosos.

Integrantes de la difusión

Aún cuando algunas de las personas hayan participado activamente en la elaboración de los manuales de políticas y procedimientos, será conveniente que los directores y gerentes participen en las sesiones de difusión para que puedan explicar los documentos, dar respuestas a las inquietudes de la gente y sepan escuchar las preguntas, quejas o sugerencias del resto del personal.

Los grupos de difusión deben estar formados por las personas que participan en el proceso, además de los proveedores y clientes internos. De esta manera, facilitamos que los primeros descubran cómo deben entregar sus insumos (materias primas, productos, información, decisiones, etcétera), bajo qué políticas, con qué procedimientos y especificaciones, y en qué formatos. De igual manera, los clientes (internos o externos) evaluarán cómo deben recibir, del proceso correspondiente, sus productos terminados. (información, reportes, decisiones, estadísticas, etcétera), bajo qué políticas, con qué procedimientos, en qué formatos y con qué especificaciones.

Cuando enlazamos a los proveedores con los clientes y el proceso, se tiene una perspectiva de que siempre hay un contexto más noble por el cual realizar con calidad y oportunidad el trabajo. Sobre todo en los procesos estratégicos, se entiende mejor que si la organización tiene contento al cliente, éste compra, vuelve a comprar y recomienda. En los procesos de apoyo se entiende que a veces el vedetismo, las poses y la burocracia, más que beneficiar, estorban el logro de los objetivos estratégicos de la organización.

En las sesiones de difusión se entiende mejor quiénes son realmente el proveedor y cliente internos porque, cuando estos roles se malinterpretan, los proveedores internos no se mueven al ritmo que les marca el cliente interno pues piensan que ellos son los reyes del castillo y se sienten como *la última Coca-Cola del desierto.* Los clientes internos son los que deben exigir los resultados, tanto a sus proveedores internos como a todos sus colaboradores. Cuando los proveedores y colaboradores del proceso se ajustan a los objetivos del cliente, el trabajo es eficiente.

1. *Determinar la cantidad total de documentación generada.* Cuantificar si son 10, 20, 50 o 100 documentos a difundir.
2. *Revisar los mapeos de proceso para ver el resumen con la cantidad de documentos en cada proceso.* Se observará cuántos documentos hay en cada proceso y cómo están interrelacionados.
3. *Determinar el público donde se difundirán los manuales.* Puede incluir al personal de planta o eventual, a los becarios y todos aquéllos que deban conocer el contenido de los manuales de políticas y procedimientos.
4. *Diseñar la cantidad de grupos de capacitación que se requieren para difundir al cien por ciento los manuales de políticas y procedimientos.*
5. *Diseñar los contenidos de cada sesión de difusión.* Debe incluir agenda y contenido específicos para cada grupo porque, en cada uno de ellos, habrá personas de diferentes procesos, áreas y actividades.
6. *Definir la duración de cada sesión de difusión.* La duración estará en función del contenido, la complejidad de los temas, lo crítico de los procesos, la experiencia de los participantes y los cambios y mejoras realizados a los documentos.
7. *Determinar a los instructores internos.* Pueden participar los directores y gerentes de cada proceso, los elaboradores de los documentos, los instructores internos del área de capacitación y todas aquellas personas que dominen un proceso. Se espera que todos ellos tengan algunas cualidades pedagógicas para explicar correctamente los documentos asignados. Puede haber más de un instructor por sesión y grupo.
8. *Elaborar el calendario de difusión.* En función de la cantidad de grupos, duración de cada sesión, disponibilidad de los instructores y de las salas de capacitación y la operación cotidiana, se elaborará un calendario funcional, aunque ocupe varias semanas para difundir todos los manuales al 100% del personal. En ocasiones, al momento de aprobar algunos documentos, se puede hacer la difusión correspondiente de inmediato. De esta manera no se juntará toda la difusión para un periodo en particular sino que se dosificará conforme se liberen los documentos controlados.

9. *Invitar a todo el personal a las sesiones que les corresponde participar.* Después de haber dedicado tiempo, dinero y esfuerzo a la elaboración de manuales de políticas y procedimientos, es necesario que tanto los organizadores como los participantes tomen con toda seriedad la difusión, por lo que hay que avisar e invitar con anticipación a todo el personal para asegurar su participación en dichas sesiones. No es conveniente programar las sesiones de difusión en periodos vacacionales del personal.

10. *Implantar el programa de difusión.* Impartir las sesiones de difusión según lo planeado y, más que entregar copias a los participantes, se les debe facilitar el acceso a la consulta electrónica de los documentos que específicamente necesitan para hacer bien su trabajo. Si se les entregan copias fotostáticas, recuerde que en el momento que se ha impreso cualquier documento, se considera obsoleto; solamente los documentos originales, con las firmas autorizadas y los documentos dados de alta en el sistema electrónico, serán vigentes.

11. *Implantar los manuales de políticas y procedimientos.* A partir de que se hizo la difusión oficial queda en manos de los directores y gerentes de proceso tener la rutina de apegarse a los manuales de políticas y procedimientos. Si alguien hizo algo bueno en este sentido, se le debe felicitar; si alguien se equivocó, se le debe corregir; si alguien persiste en violar los manuales, se le debe sancionar. Recuerde que el éxito de la implantación es una tarea de disciplinar a todos.

12. *Hacer revisiones y auditorías de verificación.* Si se considera necesario, el área de auditoría podría incluir en su programa la revisión de los manuales de políticas y procedimientos de cada una de las áreas autorizadas, siguiendo los mismos lineamientos de una auditoría formal. Si ya se trabaja con ISO 9000, ISO 14000, ISO/TS 16949, OHSAS 18000, los mismos auditores pueden realizar estas auditorías y emitir un reporte con los hallazgos y las no conformidades encontradas, exigiendo un plan de acciones correctivas o preventivas para asegurar que los manuales se cumplan al 100 por ciento.

Cuadro 1. Programa de difusión de los manuales de proceso de Comercializadora Internacional S.A. de C.V.

Proceso	Fecha y hora	Lugar	Instructor	Contenido	Participantes
Administración de los recursos humanos	15 de abril 9 a 18 horas	Sala de juntas	Gerente de Recursos Humanos	El manual de políticas y procedimientos de recursos humanos	Gerente General Gerente de Recursos Humanos Gerente de Finanzas Gerente de Ventas Personal de Recursos Humanos Cien por ciento de los colaboradores de las demás áreas
Administración de los recursos financieros	18 de abril 16 a 20 horas	Sala de juntas	Gerente de Finanzas	El manual de políticas y procedimientos de recursos financieros	Gerente General Gerente de Recursos Humanos Gerente de Finanzas Gerente de Ventas Personal de Finanzas
Administración de los recursos tecnológicos	24 de abril 16 a 20 horas	Sala de juntas	Gerente de Tecnología de la Información	El manual de políticas y procedimientos de recursos tecnológicos	Gerente General Gerente de Recursos Humanos Gerente de Finanzas Gerente de Ventas Personal de Tecnología de la Información Cien por ciento de los colaboradores de las demás áreas
Comercialización	10 de abril 9 a 18 horas	Hotel Nikko	Gerente de Ventas	El manual de políticas y procedimientos de comercialización	Gerente General Gerente de Recursos Humanos Gerente de Finanzas Gerente de Ventas Cien por ciento de los colaboradores de las demás áreas

Conclusión

Cada una de las cinco etapas del MODELO MANUALES® tuvo un propósito particular en la elaboración, revisión, aprobación y difusión de los manuales de políticas y procedimientos.

Cuadro 2. Etapas del MODELO MANUALES®.

No.	ETAPA
1	Diagnóstico de la estructura documental
2	Elaborar los procedimientos y formatos maestros
3	Diseño de la estructura documental
4	Desarrollo de los documentos controlados
5	Difusión de los manuales de políticas y procedimientos

Si cada una de estas etapas se realizó correctamente, todos los participantes y colaboradores llegarán a este emocionante momento en la historia de la organización. Si se elaboraron los manuales versión 00 por primera vez, se tendrá documentado (en papel y blanco y negro) la mejor experiencia que la gente que trabaja en la organización ha acumulado a lo largo de su vida laboral dentro de ésta.

Si se hicieron mejoras y elaboraron los manuales versión 01, 02 o alguna otra, sin duda también habrá mucha satisfacción porque se tuvo la oportunidad de actualizar, mejorar, enriquecer y rediseñar los manuales de políticas y procedimientos. Hay que seguir revisándolos y mejorándolos cuando menos una vez al año.

Tanto los nuevos manuales de políticas y procedimientos como los mejorados, son una muestra de la gran visión que tiene la organización para documentar sus conocimientos y experiencia y la gran disposición que tiene la dirección para que sus colaboradores actuales multipliquen su *know how* y las nuevas generaciones no empiecen desde cero en la búsqueda de alcanzar más y mejores resultados estratégicos que le permitan a la organización seguir compitiendo de una manera digna en sus mercados.

El camino, aunque fácil, fue largo porque requirió tiempo, paciencia y persistencia para tener en papel o formato electrónico los manuales de políticas y procedimientos de las direcciones, gerencias y jefaturas de área y los procesos estratégicos y de apoyo de la organización.

Tener los manuales de políticas y procedimientos es un paso muy importante en el incremento del nivel de competitividad que, junto con el trabajo que la organización sigue realizando sobre los diez principios de competitividad, seguirán generando una gran sinergia.

Lo felicito por llegar hasta el final de la elaboración de sus manuales de políticas y procedimientos. Ya nació su bebé.

Le deseo que el esfuerzo, tiempo y la dedicación de usted y los elaboradores de manuales de políticas y procedimientos de su organización se siga traduciendo en incremento de ventas, utilidades, disminución de costos y gastos en orden, organización, disciplina, productividad, en certificaciones ISO 9000, ISO 14000, QS 9000, ISO/TS 16949, OHSAS 18000 y, sobre todo, en competitividad humana y empresarial.

Un camino recto nunca lleva a ninguna parte excepto al objetivo.

ANDRÉ GIDE

La grandeza del bailarín no emana de su técnica sino de su pasión.

ANÓNIMO

Las mil y una preguntas

La gente inteligente habla de ideas. La gente común
habla de cosas. La gente mediocre habla de la gente.

JULES ROMANIS

A quien teme preguntar, le avergüenza aprender.

PROVERBIO DANÉS

A continuación presento las respuestas a algunas de las principales preguntas que me han hecho las personas que van a elaborar o están elaborando sus manuales de políticas y procedimientos.

¿Por qué se deben elaborar manuales de políticas y procedimientos?

Porque son una de las mejores herramientas para administrar una organización. Sirven para transmitir completa y efectivamente los conocimientos, experiencias y cultura organizacional a todo el personal de nuevo ingreso y al promovido a un nuevo puesto. Documenta la experiencia acumulada por la organización a través de los años en beneficio de sí misma.

¿Qué tipos de organización necesitan manuales de políticas y procedimientos?

Públicas o privadas, pequeñas, medianas o grandes, nacionales o trasnacionales, con o sin fines de lucro. Entre las necesidades más comunes de éstas tenemos: normalizar su operación, eliminar estrés y desperdicio, deseo de duplicar o replicar su cultura organizacional en otros puntos de ventas, sucursales o franquicias, que busquen incrementar y consolidar su posición competitiva o tener un crecimiento sostenido en ventas, utilidades, rentabilidad y satisfacción de clientes, y que busquen la certificación con las normas ISO 9000, ISO14000, ISO/TS 16949, OHSAS 18000.

¿Cuáles son los principales manuales con los que debe contar una organización?

Manual de calidad, manual de políticas y procedimientos, manual de organización, manual de métodos, y otros requeridos por el particular tipo de negocio.

El *manual de calidad* contiene las directrices generales acerca del funcionamiento del Sistema de Gestión de la Calidad de la organización. Se puede desarrollar con base en la norma ISO 10013 o en algún otro procedimiento funcional. Es conveniente que este manual lo tengan todas las áreas autorizadas y los departamentos de los primeros tres niveles jerárquicos de la organización. El responsable de la edición, revisión y actualización de éste es generalmente el representante de la dirección.

El *manual de políticas y procedimientos* documenta las actividades y procesos que desarrolla cada una de las áreas de la organización. Se puede desarrollar con base en los procedimientos y formatos incluidos en este manual. Es conveniente que cada área autorizada tenga su propio manual de políticas y procedimientos. El responsable de la edición, revisión y actualización de éste, generalmente es el director, gerente o responsable de cada área emisora. *Nota:* Si una organización apenas empieza a documentar sus políticas y procedimientos, tal vez le convenga tener solamente un manual de este tipo. Cuando aumente la documentación, se pueden separar las políticas de los procedimientos, o bien, elaborar volúmenes que sean necesarios para cada una de las áreas autorizadas. En el sector público y en empresas grandes es común que haya un manual de políticas y un manual de procedimientos.

El *manual de organización* documenta la cultura y estructura de la organización. Generalmente incluye los organigramas, perfiles y descripciones de puesto, la filosofía y los valores de la organización. Principalmente se utiliza para hacer la inducción del personal de nuevo ingreso. Este manual podría desarrollarse con base en procedimientos especialmente diseñados para ello, que incluyan los procedimientos para elaborar y actualizar organigramas y elaborar y actualizar perfiles y descripciones de puesto. Es conveniente que cada área autorizada tenga su propio manual de organización. El responsable de la edición, revisión, actualización y difusión de los manuales de organización es el director, gerente o responsable del área de Recursos Humanos.

Los *manuales de métodos* son especializados y desarrollan y utilizan principalmente las áreas técnicas de la organización: ventas, producción, ingeniería, diseño, control de calidad, investigación y desarrollo, informática, sistemas y mantenimiento, entre otras. Se pueden desarrollar a partir de un procedimiento que muestre cómo elaborar, revisar y controlar los métodos. Debido a la tecnología especializada que contienen, es conveniente que cada manual solamente permanezca en manos del área que lo haya generado. El responsable de la edición, revisión y actualización de los manuales de métodos es el responsable del área emisora correspondiente (porque es ahí donde se está utilizando el manual).

Otros manuales se pueden desarrollar en función de las necesidades específicas por documentar; la información deberá estar relacionada con un tema en particular. Estos manuales pueden desarrollarse utilizando como guía los procedimientos y formatos maestros de ejemplo incluidos en este manual y las normas correspondientes del sistema de gestión de la organización. Los manuales que se generen deben estar solamente en manos de personas que directamente los vayan a utilizar. Algunos ejemplos de otros manuales son: manual de responsabilidad social, manual de administración ambiental, manual de planeación estratégica, manual para el desarrollo de proveedores, manual del corporativo, manuales de maquinaria y equipo, manual para el ahorro de energía eléctrica, manual para el tratamiento de aguas residuales, etcétera.

¿Cuándo se justifica elaborar un manual?

Cuando las pérdidas, el estrés de la gente, el desperdicio de la organización, los conflictos interdepartamentales y las quejas de los clientes sean mayores que el costo y el tiempo dedicado al diseño y elaboración de políticas, procedimientos y manuales.

¿La elaboración de manuales es sólo conveniente para aquellas organizaciones que tienen un sistema de gestión específico y desean obtener el registro de certificación contra las normas iso 9000, iso 14000, qs 9000, iso/ts 16949, ohsas 18000?

Las organizaciones que quieren certificarse están obligadas a documentar su sistema de gestión correspondiente. Esto les trae como beneficio un mayor orden y control de todas sus actividades diarias porque la filosofía de las normas iso es hacer lo que se dice y decir lo que se hace.

Las organizaciones que no necesitan o todavía no obtienen su registro de certificación con las normas iso pueden también disfrutar de las ventajas de tener la documentación de su sistema, pero sin tener la motivación (o presión) para certificarse.

¿Es conveniente hacer manuales cuando un departamento u organización está iniciando operaciones?

Sí, por tres razones. En primer lugar, se está en la fase de diseño del sistema y éste es el mejor momento (sin vicios ni malas costumbres) para definir y proponer la mejor forma de trabaja. En segundo lugar, los manuales pueden acelerar que el personal de nuevo ingreso o promovido se adapte rápidamente a la nueva cultura de la organización. En último lugar, el manual irá creciendo al mismo ritmo del departamento o la organización.

Dentro de una organización, ¿quién debe elaborar los manuales de políticas y procedimientos?

Debido a que cada uno de los colaboradores conoce y domina mejor que nadie las funciones de su trabajo, son las personas más indicadas para documentar esta información. Por lo tanto, todas las personas que colaboran dentro de una organización, y así lo deseen, pueden elaborar políticas, procedimientos y manuales. Solamente hay que darles una capacitación sobre la elaboración de éstos y mostrarles algunos ejemplos. En algunas ocasiones puede ser conveniente, por cuestión de rapidez, solicitarle a un tercero ajeno al área o al departamento correspondiente que ayude a elaborar y formalizar las políticas, procedimientos y manuales. También es necesario recordar que, una vez elaborados los manuales, lo más importante es darles mantenimiento para asegurar que realmente sean útiles y reflejen la realidad de lo que hace el departamento, por lo que si los usuarios no saben o no quieren elaborar o revisar los manuales, éstos pueden volverse obsoletos rápidamente. Obligar a alguien a que elabore los manuales y encomendarle a una sola persona que se encargue de éstos no son decisiones que faciliten a la organización adoptar una cultura de orden y normalización. Lo mejor es que todos contribuyan con su granito de arena, aunque el ritmo de elaboración sea lento.

¿Qué actividades y cuánto tiempo toma elaborar un procedimiento?

Con la idea de ilustrar las actividades y pasos a seguir en la elaboración de un procedimiento, y no tanto que los tiempos correspondientes sirvan como estándar de referencia, a continuación presento un desglose de los principales rubros que intervienen en la elaboración de un procedimiento:

ACTIVIDAD	TIEMPO ESTIMADO
Recopilar información	De 4 a 8 horas
Elaborar el borrador del diagrama de flujo	De 1 a 2 horas
Revisar el diagrama de flujo (con los involucrados)	De 2 a 4 horas
Elaborar el borrador del procedimiento	De 4 a 8 horas
Mecanografiar el borrador	De 4 a 8 horas
Revisar y corregir el borrador (por parte del elaborador)	De 2 a 4 horas
Revisar el borrador (por parte del jefe inmediato superior y de la persona que autoriza)	De 2 a 4 horas
Hacer correcciones finales	De 2 a 4 horas
Imprimir el original	De 1 a 2 horas
Total	De 22 a 44 horas

Por supuesto cada procedimiento difiere de complejidad, propósito y alcance, y cada elaborador difiere en conocimiento y experiencia, por lo que el tiempo para elaborar un procedimiento es variable en calidad, profundidad, tiempo y efectividad.

¿Cuántos procedimientos se necesitan para documentar adecuadamente un sistema u organización?

Cada organización es diferente en cuanto a tamaño, procesos, estructura, posición en el mercado, productos, estrategias y recursos. Por ello, la cantidad adecuada de procedimientos para cada organización es variable. Sin embargo, más que pensar en la cantidad de procedimientos que se necesitan, es más importante asegurar que, con la implantación de cada uno de ellos, se estén haciendo las cosas correctamente. Además, una vez que la gente y la organización disfrutan del orden y control de sus procesos y actividades, la elaboración de procedimientos irá formando parte de la rutina de mejora.

¿Cuánto cuesta elaborar un manual?

En términos económicos, si se paga a un consultor para que los elabore, probablemente el costo sea menor al costo involucrado cuando todas las personas de la organización participan en su elaboración. Si se hace internamente, el mayor costo corresponderá al tiempo que el personal de la organización dedique a la elaboración, revisión, adecuación e implantación de las políticas, procedimientos y manuales y al costo de las actividades que se dejan de realizar por estar dedicado a esta actividad. Además, la ventaja es que generalmente este tiempo estará cubierto dentro de la nómina del personal. Aunque en este momento valdría la pena comentar que el costo de no tener manuales es mayor debido a que todos los días la gente se la pasa persiguiendo la información, corrigiendo problemas por *malos entendidos* y *fallas de comunicación*, autorizando *desviaciones*, *negociando* cambios con las diferentes áreas y departamentos de la organización, modificando compromisos con los clientes, *capacitando al vapor* a la gente de nuevo ingreso y atendiendo otras actividades desgastantes e improductivas. ¿Cuánto cuesta todo esto? Mucho dinero, salud y energía. El costo de no tener manuales podría ser equivalente al desperdicio global que genera la organización. En algunos casos, éste llega a ser entre 20 y 25% de la facturación anual de la organización.

¿Qué tipo de actividades se deben documentar en un procedimiento?

Principalmente aquéllas que conforman la finalidad de la organización y en las que es muy costoso no contar con una guía detallada para hacer correctamente una actividad. Por ejemplo: ¿Cómo arrancar una subestación? ¿Cómo manejar un montacargas? ¿Cómo entrevistar a una persona que renuncia a la organización? ¿Cómo atender a un cliente triple A? ¿Qué hacer en caso de un terremoto o incendio? ¿Qué hacer en caso de robo a la organización?, etcétera. Las actividades que pueden o no ser documentadas son aquéllas que no son vitales para el buen funcionamiento de la organización o son esporádicas y no afectan sensiblemente el resultado final. Por ejemplo, ¿cómo inaugurar una nueva instalación (maquinaria, oficinas, edificio)? ¿Cómo organizar una excursión? ¿Cómo hacer un análisis comparativo con los productos o servicios de la competencia?, etcétera. Para realizar bien este tipo de actividades, en lugar de hacer todo un procedimiento, tal vez sea conveniente elaborar solamente un pequeño plan de acción.

¿Cómo se pueden elaborar procedimientos que sean ágiles y sencillos?

La burocracia se genera cuando, de manera consciente o inconsciente, los procedimientos se hacen complicados. Por ello, el primer consejo al elaborarlos es cuestionar constantemente si cada paso que se está incluyendo en el procedimiento genera o no valor a la organización, preguntarse si cada actividad es en realidad necesaria e indispensable y determinar si puede ser modificada, simplificada o eliminada sin alterar el propósito original del procedimiento. Además, es vital que quien elabore o proponga los procedimientos escritos sea una persona con suficiente experiencia práctica para evitar que éstos sean una utopía o sueño inalcanzables. Recuerde que el mejor procedimiento es el que se usa y da resultados, no el más largo o vistoso ni el más sofisticado o que tomó mucho tiempo en ser elaborado ni el que hizo el jefe o mandaron del corporativo. La burocracia se puede eliminar desde el principio si está usted consciente de no querer incluirla en sus procedimientos. Además, es necesario recordar que, cuando no están formalizados las políticas y los procedimientos, también se genera mucha burocracia.

¿Cómo se puede evitar que los procedimientos o manuales se hagan burocráticos?

1. Haciéndolos sencillos y comprensibles para todos.
2. Elaborando políticas que sean realistas y funcionales para que se respeten en al menos 90 o 95% de los casos.
3. Incluyendo actividades de transformación (al producto o servicio) que le agreguen valor al cliente y a la propia organización.
4. Medir y evaluar los principales indicadores asociados a estos procesos o actividades.
5. Revisar y adecuar regularmente los procedimientos a la realidad cotidiana de la organización.

¿Qué es lo más difícil cuando elaboramos políticas, procedimientos y manuales?

Que la organización reconozca el valor de documentar sus actividades y procesos. ¿Se imagina usted al mundo y las ciudades sin mapas? ¿Se imagina el mundo sin un GPS o sin el *waze*? No, ¿verdad? Sin mapas, viviríamos permanentemente perdidos (o con una buena memoria), reconociendo solamente los caminos con base en muchas pruebas y errores. Del mismo modo sin manuales cada colaborador descubre diariamente su propio camino usando su instinto, algunas veces, dando vueltas en el mismo lugar sin avanzar, otras, caminando en un laberinto sin salida, y otras (las afortunadas), llegando rápidamente a la meta. Los mapas son útiles por el valor que les dan a los ciudadanos y viajeros de cada ciudad. Los manuales son útiles por el valor y ayuda que les brindan a las organizaciones y sus colaboradores para alcanzar sus metas. Lo más difícil es dar el primer paso para su elaboración, lo demás es fácil. Para correr en un maratón, lo difícil es empezar a correr el primer kilómetro.

¿Cuándo es conveniente contratar a un consultor externo?

1. Cuando se requiere una metodología práctica y probada exitosamente en otras organizaciones.
2. Cuando la organización está muy ocupada con sus operaciones cotidianas y necesita brazos y mentes para hacer sus manuales.
3. Cuando hay una fecha límite para tener los manuales.

4. Cuando se requiere evaluar el estatus, efectividad y funcionamiento de la organización.
5. Cuando se requiere sensibilizar al equipo directivo acerca de los beneficios de contar con un sistema documentado.
6. Cuando se desea capacitar al equipo directivo y a sus brazos derechos sobre las técnicas y metodologías para elaborar políticas, procedimientos, formatos y manuales.
7. Cuando se requiere incorporar rápidamente la tecnología probada en otras organizaciones similares.

Contratar a un despacho de consultoría para que elabore los manuales de políticas y procedimientos puede ser bueno en algunos casos, siempre y cuando no haga a la organización dependiente de él porque, al momento de actualizar éstos, los usuarios, quienes no participaron en su elaboración, no sabrían cómo revisarlos. Es más recomendable y saludable para la organización que la gente aprenda, junto con el consultor, a elaborar sus propios manuales.

¿Qué herramienta se puede usar en vez de la elaboración de manuales para administrar una organización?

Un buen sustituto de los manuales es la experiencia de la organización traducida en buenas costumbres y hábitos, apoyada en un funcional sistema de información, respaldada en una rotación casi nula de personal e inmersa en una cultura organizacional orientada al desarrollo y la mejora continua. ¿Es difícil contar con todo esto? Bueno, la alternativa todavía sigue siendo la elaboración de manuales de políticas y procedimientos, sobre todo ahora que, por medio del desarrollo de sistemas de información y de la multimedia, se puede facilitar el desarrollo y aprendizaje de estos manuales.

¿Cómo ayudan los manuales a normalizar una organización?

Si pudiéramos observar en un microscopio a las organizaciones líderes en el mercado, veríamos que éstas tienen en común diez características que interactúan adecuadamente para proporcionarles una base sólida de crecimiento y desarrollo. Éstas son:

1. Tienen un equipo directivo que dirige los esfuerzos de crecimiento y desarrollo de la organización.
2. Miden continuamente sus objetivos e indicadores.
3. Conocen su posición competitiva frente a sus competidores.
4. Tienen una estructura organizacional bien definida.
5. Tienen programas anuales de capacitación.
6. Se administran por medio de políticas y procedimientos.
7. Tienen un sistema de gestión de la calidad tipo iso 9000 certificado.
8. Tiene un proceso formal de planeación estratégica.
9. Implantan planes y programas de mejora.
10. Tienen una cultura organizacional homogénea.

Una organización sana se preocupa siempre por incorporar y adecuar permanentemente conocimientos y técnicas directivas a su tipo específico de negocio. La organización que no se actualiza se va haciendo obsoleta y, de manera paulatina, va perdiendo competitividad. ¿Qué pasa con una casa a la cual no se le da mantenimiento continuamente? Primero se va desgastando la pintura, después empiezan a aparecer las goteras y, poco a poco, se van deteriorando los jardines, closets, baños, pisos, paredes, muebles y todo lo demás, hasta que se requiere de un mantenimiento mayor. Del mismo modo, el tiempo y costo que implica recuperar la competitividad de una organización son mucho mayores que actuar diaria y oportunamente.

¿Cómo ayudan los manuales de políticas y procedimientos a incrementar las ventas?

Los manuales por sí solos tal vez no ayuden a vender más, pero sí ayudan a consolidar las ventas actuales. ¿Por qué? Porque dentro de éstos se incorpora la tecnología de la organización para desarrollar nuevos productos, implantar nuevas estrategias de mercado, desarrollar clientes potenciales, hacer cotizaciones atractivas, negociar, cerrar ventas y, en general, para hacer todo aquello que sea de vital importancia para la organización. Consolidar las ventas de una organización implica consolidar y documentar las técnicas y métodos específicos que usa la organización para incrementar sus ventas. Si una organización tiene bajas o nulas ventas es porque todavía no ha aprendido a generarlas, lo cual significa que aún no ha desarrollado técnicas y estrategias adecuadas que funcionen para su negocio. Un manual solamente recopila la experiencia existente. A un nadador de poco le serviría memorizar todas las técnicas de natación si no las practica directamente en el agua. Por otro lado, tampoco serviría de mucho que un nadador sea un experto si no enseña a nadar a los demás. Por lo tanto, el contenido de los manuales es tan valioso como las técnicas actualmente utilizadas por la organización.

¿Cómo se relacionan los manuales de políticas y procedimientos con la planeación estratégica?

Las organizaciones que sólo tienen manuales, en consecuencia le dan prioridad a la calidad y repetibilidad de los procesos, las que sólo tienen planeación estratégica sólo le dan importancia a los resultados de los procesos. En ambos casos la efectividad organizacional se queda al 50 por ciento. Cuando se tienen documentados los procesos y se tienen una estrategia empresarial y una planeación estratégica, la efectividad organizacional es de 100% porque se cuidan los medios y los fines.

Adicionalmente puede visitar nuestro sitio <www.grupoalbe.com> y acceder al *webinar* correspondiente y a otras video cápsulas relacionadas con ambos temas.

Si usted tiene alguna pregunta en particular que no haya sido considerada en este espacio, puede enviarla con sus datos personales a malvarez@grupoalbe.com

El hombre razonable se adapta al mundo, el hombre irrazonable insiste en adaptar el mundo a él. Por lo tanto, el progreso depende del hombre irrazonable.

GEORGE BERNARD SHAW

ANEXO A

ANEXO A

Anexo A

Formatos maestros

Este anexo contiene la política, el procedimiento, el método y los formatos maestros correspondientes para elaborar manuales de políticas y procedimientos.

GAC-POL-01. Política maestra para elaborar y controlar documentos y registros controlados.

GAC-PRO-02. Procedimiento maestro para elaborar documentos controlados y registros controlados.

GAC-MÉT-03. Método maestro para elaborar diagramas de flujo.

GAC-PRO-04. Procedimiento maestro para revisar y mejorar documentos controlados.

GAC-FOR-05. Formato maestro para elaborar manuales de políticas y procedimientos.

GAC-FOR-07. Formato maestro para elaborar planes de calidad.

GAC-FOR-09. Formato maestro para elaborar políticas.

GAC-FOR-11. Formato maestro para elaborar procedimientos.

GAC-FOR-13. Formato maestro para elaborar métodos.

GAC-FOR-15. Formato maestro para elaborar organigramas.

GAC-FOR-17. Formato maestro para elaborar perfiles de puesto.

GAC-FOR-19. Formato maestro para elaborar descripciones de puesto.

GAC-FOR-21. Formato maestro para elaborar formatos.

GAC-FOR-23. Formato maestro para elaborar registros.

GAC-FOR-25. Formato maestro para elaborar especificaciones.

G R U P O
ALBE®
C O N S U L T O R Í A

1. Índice

2. Autorizaciones

ELABORÓ	REVISÓ	APROBÓ
Luis G. Álvarez Consultor Grupo Albe	Lucero Castro Dir. Administración Grupo Albe	Martín G. Álvarez Director general Grupo Albe

3. Bitácora de cambios y mejoras

REVISIÓN	SECCIÓN MODIFICADA	DESCRIPCIÓN DEL CAMBIO	FECHA DE MODIFICACIÓN
		No aplica porque esta política es nueva.	

MANUAL PARA ELABORAR MANUALES...

4. Propósito

Incrementar la eficiencia de todos los procesos administrativos y operativos de la organización.

5. Alcance

Esta política es aplicable a la elaboración y control de los documentos y registros controlados de la organización.

6. Responsable

El responsable de elaborar, difundir, utilizar y mejorar esta política es la directora de Administración.

7. Frecuencia de revisión

Este procedimiento se revisará, cuando menos, una vez al año, en el mes de enero o antes si hay algún cambio o mejora significativos en el proceso.

8. Vocabulario

8.1 *Documento controlado.* Todo aquel escrito que tiene un código autorizado y está incluido en los manuales de políticas y procedimientos de la organización. Por ejemplo, un plan de calidad, un organigrama, un perfil o una descripción de puesto, una política, un método, un procedimiento, un formato, un instructivo de llenado de un formato, una especificación o un manual de políticas y procedimientos.

8.2 *Registro controlado*. Formato llenado (en papel o electrónico) con datos, información y evidencia real de lo ocurrido antes, durante y al final del proceso. Pueden ser reportes, bitácoras, inspecciones, auditorías, formatos llenos, etcétera, y son almacenados por el responsable designado temporal, previamente definido por el director o gerente del área. Estarán disponibles para su revisión, consulta o auditoría y, al término del tiempo de retención, los registros controlados obsoletos serán destruidos.

9. Enlace con documentos controlados

CÓDIGO	NOMBRE DEL DOCUMENTO CONTROLADO
GAC-PRO-02	Procedimiento maestro para elaborar documentos y registros controlados

10. Política: responsabilidades

No.	RESPONSABLE	RESPONSABILIDADES
1	Director general	Autoriza a los responsables de cada área acreditada a tener solamente una copia en papel de su propio manual de políticas y procedimientos. Cada documento controlado debe tener tres firmas originales en su página inicial (de quién elaboró, revisó y aprobó). Los documentos controlados autorizados y vigentes estarán en el sistema de la organización y, los que estén impresos y no tengan firmas originales en la portada se considerarán obsoletos.
2	Directora de Administración	Centraliza y asigna todos los códigos que los directores, gerentes y jefes de área le soliciten en la elaboración de sus respectivos documentos y registros controlados.

NOMBRE DEL DOCUMENTO
**Política maestra para elaborar y controlar
documentos controlados y registros controlados**

3	Directores, y gerentes de área	Revisan, aprueban y firman todos los documentos controlados que hayan elaborado sus colaboradores. Revisan y mejoran sus documentos controlados, cuando menos una vez al año, en el mes de enero, utilizando las sugerencias de sus clientes y proveedores internos, colaboradores y del director general. Si no hubiera cambios en el documento controlado, de todos modos habría que modificar el número de la revisión para indicar que ésta sí se hizo y señalar en la bitácora: "Se revisó el documento y no hay cambios". Difunden y, con disciplina, hacen cumplir los documentos de uso cotidiano aprobados entre todos sus colaboradores.
4	Responsables de la retención de registros	Aseguran que los registros controlados a su cargo permanezcan legibles y en buen estado. Los presentan solamente a aquellas personas que la directora de Administración haya autorizado para su consulta, auditoría o revisión. Una vez que lo hagan, los devolverán a su lugar de archivo correspondiente.
5	Todo el personal autorizado	Puede consultar los manuales de políticas y procedimientos de otras áreas en papel o formato electrónico, pero no puede hacer modificaciones.
6	Todo el personal	Elabora sus documentos controlados con base en los procedimientos y formatos maestros de la organización. La tipografía sugerida es Times New Roman a 11 puntos.
		Preserva la confidencialidad de la información contenida en los manuales de políticas y procedimientos aprobados. Sólo se pueden entregar copias fotostáticas o electrónicas con la autorización de la directora de Administración.

NOMBRE DEL DOCUMENTO
**Política maestra para elaborar y controlar
documentos controlados y registros controlados**

147

ANEXO A

| | | Debe cumplir cabalmente con los manuales de políticas y procedimientos para asegurar que cada persona y área cumpla consistentemente con la calidad de sus productos, de sus procesos y la satisfacción de sus clientes internos y externos. Los cumplimientos serán premiados y los inclumplimientos serán sancionados de acuerdo al reglamento interior de trabajo de la organización. |
| | | Puede sugerir mejorar a los manuales de políticas y procedimientos canalizando por escrito en un formato libre al responsable del área correspondiente. |

11. Control de los registros generados

CÓDIGO DEL REGISTRO CONTROLADO	NOMBRE DEL REGISTRO CONTROLADO	RESPONSABLE DE LA RETENCIÓN Y ARCHIVO DEL REGISTRO CONTROLADO	TIEMPO DE RETENCIÓN DEL REGISTRO
GAC-REG-32	Lista maestra para controlar los documentos y registros controlados	Directora de Administración	2 años

12. Anexos

No.	NOMBRE DEL ANEXO
	No hay anexos para esta política.

1. Índice

2. Autorizaciones

Elaboró	Revisó	Aprobó
Luis G. Álvarez Consultor Grupo Albe	Lucero Castro Dir. Administración Grupo Albe	Martín G. Álvarez Director general Grupo Albe

3. Bitácora de cambios y mejoras

Revisión	Sección Modificada	Descripción del cambio	Fecha de Modificación
		No aplica porque esta política es nueva.	

MANUAL PARA ELABORAR MANUALES...

4. Propósito

Incrementar la eficiencia de todos los procesos administrativos y operativos de la organización.

5. Alcance

Este procedimiento es aplicable a la elaboración de documentos (manuales de políticas y procedimientos, planes de calidad, organigramas, perfiles de puesto, descripciones de puesto, políticas, procedimientos, métodos, formatos, instructivos de llenado de formatos y especificaciones) y registros controlados de la organización.

6. Responsable

El responsable de elaborar, difundir, utilizar y mejorar este procedimiento es la directora de Administración en la organización.

7. Frecuencia de revisión

Este procedimiento se revisará, cuando menos, una vez al año, en el mes de enero o antes si hay algún cambio o mejora significativos en el proceso.

8. Vocabulario

8.1 *Documento controlado.* Todo aquel escrito que tiene un código autorizado y está incluido en los manuales de políticas y procedimientos de la organización. Por ejemplo, un mapeo de proceso, un organigrama, un perfil o una descripción de puesto, una política, un método, un procedimiento, un formato, un

NOMBRE DEL DOCUMENTO
**Procedimiento maestro para elaborar
documentos y registros controlados**

151

ANEXO A

instructivo de llenado de un formato, una especificación o un manual de políticas y procedimientos.

8.2 *Especificación.* Conjunto de características de calidad (críticas y no críticas) que debe cumplir un insumo o producto en proceso o terminado para asegurar la satisfacción del cliente. Es definida por el cliente en función del uso y necesidades que le da al insumo o producto, e incluye principalmente aspectos de características físicas, químicas, dimensiones, apariencia, estética, funcionalidad, resistencia, propiedades y vida útil.

8.3 *Formato.* Plantilla o modelo (en papel o electrónico) que sirve para guardar información de carácter informativo o del control de una operación y que servirá como evidencia objetiva del cumplimiento de las actividades desarrolladas en un método o procedimiento ante una auditoría interna o externa o ante la petición o reclamación de un cliente o proveedor (interno o externo).

8.4 *Manual de políticas y procedimientos.* Conjunto de políticas y procedimientos en papel o electrónico, que describen el trabajo que realiza un área dentro de la organización. El director general de ésta autoriza a las áreas tener su propio manual de políticas y procedimientos.

8.5 *Mapeo de proceso.* Gráfica que muestra la interacción entre proveedores, subprocesos y clientes.

8.6 *Método o instructivo de trabajo.* Guía detallada que muestra cómo una persona, dentro de la organización, realiza un trabajo. Sólo incluye el trabajo de las personas sobre las que la organización tiene injerencia, no sobre proveedores ni clientes externos. Cuando haya una interacción con éstos, la redacción de la actividad se hace desde el punto de vista de la persona que trabaja dentro de la organización. Por ejemplo, no se dice:

"El cliente paga en la caja", sino: "El cajero le cobra al cliente"; tampoco se dice: "El proveedor entrega el material", sino: "El almacenista recibe el material del proveedor". Generalmente, los métodos están incluidos dentro de los procedimientos de la organización.

8.7 *Organigrama.* Gráfica que muestra la estructura de una organización, indicando claramente los nombres de los puestos autorizados y las relaciones entre jefe y colaborador.

8.8 *Perfil de puesto.* Documento que enlista los requisitos y competencias mínimos que debe tener todo candidato a ocupar un puesto autorizado dentro de la organización. En la medida que una persona cumple con este perfil se espera que también cumpla con la descripción y los objetivos de su puesto.

8.9 *Plan de calidad.* Documento controlado que muestra la interacción entre proveedores, subprocesos y clientes de un proceso así como la alineación de los documentos y los registros controlados involucrados.

8.10 *Política.* Conjunto de lineamientos, directrices, reglas, costumbres y normas relacionados con un tema en particular y que han sido autorizados por la dirección general para facilitar la toma de decisiones de actividades rutinarias. Son aplicables a todo el personal de la organización sin hacer distinción alguna de edad, puesto, sexo o religión; deben indicar claramente quién aplica la política (nombre del puesto, no de la persona) y cuál es la regla o norma a seguir para hacer lo correcto, adecuado o conveniente en cada caso. Una política se diseña para ser cumplida en 90 o 95% de los casos. Las excepciones sólo las puede hacer el gerente de área o director general previamente definido por la organización. La política dice qué hacer, el procedimiento cómo hacer el trabajo; a cada política le corresponde, por lo menos, un procedimiento.

 NOMBRE DEL DOCUMENTO 153
**Procedimiento maestro para elaborar
documentos y registros controlados**

ANEXO A

8.11 *Procedimiento*. Guía detallada que muestra cómo dos o más personas realizan un trabajo dentro de la organización. Sólo se incluye el trabajo de las personas sobre las cuales la organización tiene injerencia, no sobre proveedores ni clientes externos. En caso de que haya interacción con éstos, la actividad se redacta desde el punto de vista de la persona que tiene interacción con ellos en la organización. Por ejemplo: "El cajero le cobra al cliente", "El almacenista recibe la mercancía del proveedor", "El gerente atiende la reclamación del cliente", "El contador presenta ante el SAT la documentación requerida", etcétera. La política dice qué hacer, el procedimiento cómo hacer el trabajo; a cada procedimiento le corresponde, al menos, una política.

8.12 *Registro controlado*. Formato llenado (en papel o electrónico) con datos, información y evidencia real de lo ocurrido antes, durante y al final del proceso. Pueden ser reportes, bitácoras, inspecciones, auditorías, formatos llenos, etcétera, y son almacenados por el responsable designado temporal, previamente definido por el director o gerente del área. Estarán disponibles para su revisión, consulta o auditoría y, al término del tiempo de retención, los registros controlados obsoletos serán destruidos.

9. Enlace con documentos controlados

CÓDIGO	NOMBRE DEL DOCUMENTO CONTROLADO
GAC-POL-01	Política maestra para elaborar y controlar documentos y registros controlados
GAC-MÉT-03	Método maestro para elaborar diagramas de flujo

10. Desarrollo

No.	RESPONSABLE	ACTIVIDAD
1	Elaborador del documento controlado	Elige un tema sobre el que quiera desarrollar un documento controlado. Puede seleccionarlo de un mapeo de procesos o de la necesidad de detallar y mejorar el trabajo realizado en el área de trabajo o la organización. Esta necesidad puede ser determinada por iniciativa propia o por petición del director general o algún gerente o jefe de área.
2		Solicita el código para identificar su documento controlado al gerente de desarrollo humano. Cada documento controlado tendrá solamente un número de código, formado por tres secciones: *1)* las tres letras GAC de Grupo Albe, *2)* las letras con la abreviatura del nombre del tipo de documento y *3)* un número consecutivo.
3	Gerente de Desarrollo Humano	Revisa que el solicitante pertenezca a un área autorizada para tener su propio manual y anota los datos correspondientes en la lista de áreas autorizadas para tener su propios manuales de políticas y procedimientos (GAC-REG-28).
4		Toma una decisión: si el solicitante no está autorizado para tener su propio manual de políticas y procedimientos aquí termina el procedimiento, pero si está autorizado continúa con el paso 5.
5		Anota los datos del solicitante en la lista maestra de documentos y registros controlados (GAC-REG-32).
6		Asigna al solicitante el código del documento controlado que solicita utilizando la codificación autorizada de tres secciones.
7		Da el código al solicitante.

8	Elaborador del documento controlado	Elabora el documento controlado junto con su jefe inmediato superior en el formato maestro correspondiente.

Manuales:	GAC-FOR-05
Planes de calidad:	GAC-FOR-07
Políticas:	GAC-FOR-09
Procedimientos:	GAC-FOR-11
Métodos:	GAC-FOR-13
Organigramas:	GAC-FOR-15
Perfiles de puesto:	GAC-FOR-17
Descripciones:	GAC-FOR-19
Formatos:	GAC-FOR-21
Registros:	GAC-FOR-23
Especificaciones:	GAC-FOR-25

Todos los documentos maestros se encuentran disponibles en el sistema electrónico de Grupo Albe; son solamente de lectura, excepto los formatos que son manipulables para ser utilizados en la elaboración de documentos controlados. En cuanto descargue el formato maestro del sistema es conveniente que grabe el archivo en su computadora con el nombre particular del documento controlado que va a elaborar, e internamente dentro del formato le ponga el nombre y el número del código del documento controlado que le asignó su jefe inmediato. Para la elaboración de diagramas de flujo debe utilizar el paquete denominado Visio.

NOMBRE DEL DOCUMENTO
Procedimiento maestro para elaborar documentos y registros controlados

9	Elaborador del documento controlado	En caso que no sepa cómo llenar el formato maestro correspondiente puede utilizar el instructivo de llenado del formato maestro correspondiente.

Manuales: GAC-ILL-06

Planes de calidad: GAC-ILL-08

Políticas: GAC-ILL-10

Procedimientos: GAC-ILL-12

Métodos: GAC-ILL-14

Organigramas: GAC-ILL-16

Perfiles de puesto: GAC-ILL-18

Descripciones de puesto: GAC-ILL-20

Formatos: GAC-ILL-22

Registros: GAC-ILL-24

Especificaciones: GAC-ILL-26

10		Una vez que ya tiene el borrador de su documento controlado lo imprime y lo lleva a revisión del gerente de desarrollo humano.
11	Gerente de Desarrollo Humano	Revisa todo el documento validando los puestos autorizados (GAC-REG-30). La revisión se basa en que esté completo, sea claro, que lo ahí plasmado refleje la realidad de la organización, sea compatible con el resto de los documentos controlados autorizados y contribuya al logro de los objetivos de la organización.

12	Gerente de Desarrollo Humano	Toma una decisión: si está de acuerdo con el contenido del documento controlado lo dirige a la directora de Administración (paso 14) para que lo autorice; si no lo está, continúa con el paso 13 de este procedimiento.
13		Hace observaciones y sugerencias de mejora directamente en el borrador del documento con la intención de enriquecer y liberarlo próxima y rápidamente. Lo devuelve al elaborador para que repita el paso 8 de este procedimiento.
14	Directora de Administración	Revisa que el documento esté completo, sea claro, que lo ahí plasmado refleje la realidad de la organización, sea compatible con el resto de los documentos controlados autorizados y contribuya al logro de los objetivos de la organización.
15		Toma una decisión: si autoriza el contenido del documento controlado lo regresa al gerente de desarrollo humano (paso 17) para que lo imprima; si no lo está, continúa con el paso 16 de este procedimiento.
16		Hace observaciones y sugerencias de mejora directamente en el borrador del documento presentado al jefe del elaborador de éste, con la intención de enriquecer y autorizarlo próxima y rápidamente. Lo devuelve y se repite el paso 11 de este procedimiento.
17	Gerente de Desarrollo Humano	Imprime el documento controlado autorizado.
18		Sobre la copia impresa recopila las firmas de quién elaboró, revisó y aprobó.
19		Actualiza el nivel de revisión y la fecha de aprobación en la lista de documentos y registros controlados (GAC-REG-32).

MANUAL PARA ELABORAR MANUALES...

NOMBRE DEL DOCUMENTO
**Procedimiento maestro para elaborar
documentos y registros controlados**

20	Gerente de Desarrollo Humano	Da de alta el documento controlado en el sistema. Todos los documentos controlados los convierte a formato PDF y serán solamente de consulta. Los formatos no se convierten a dicho formato y tampoco podrán consultarse, ya que estarán disponibles en el sistema para ser utilizados por los elaboradores de documentos controlados cuando lo necesiten.
21		Notifica al elaborador del documento controlado que éste ya fue autorizado y dado de alta en el sistema.
22	Elaborador del documento controlado	Difunde con la totalidad de sus colaboradores y clientes y proveedores internos y externos, el documento controlado autorizado ya vigente desde que fue dado de alta. Todas las copias fotostáticas o impresas sin firmas originales se consideran obsoletas. Los únicos documentos que se consideran actualizados son los que están dentro del sistema electrónico.
23		Archiva el documento controlado en el manual de su área autorizada. Cuando tenga una nueva revisión de algún documento controlado debe destruir el original anterior para asegurarse que solamente hay documentos vigentes en la última revisión. Aquí termina este procedimiento.

11. Diagrama de flujo

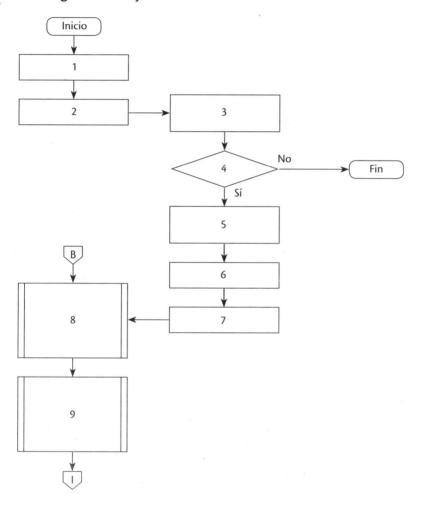

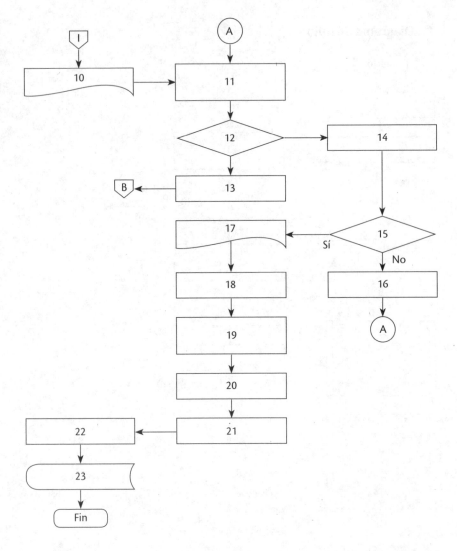

12. Control de los registros generados

CÓDIGO DEL REGISTRO CONTROLADO	NOMBRE DEL REGISTRO CONTROLADO	RESPONSABLE DE LA RETENCIÓN Y ARCHIVO DEL REGISTRO CONTROLADO	TIEMPO DE RETENCIÓN DEL REGISTRO
GAC-REG-28	Lista de áreas autorizadas para tener sus propios manuales de políicas y procedimientos	Directora de administración	2 años
GAC-REG-32	Lista maestra para controlar los documentos y registros controlados	Directora de administración	2 años
GAC-REG-34	Lista de puestos autorizados dentro de la organización	Directora de administración	2 años

13. Anexos

No.	NOMBRE DEL ANEXO
	No hay anexos para esta procedimiento.

GRUPO ALBE® CONSULTORÍA

NOMBRE DEL DOCUMENTO
Método maestro para elaborar diagramas de flujo

1. Índice

2. Autorizaciones

ELABORÓ	REVISÓ	APROBÓ
Luis G. Álvarez Consultor Grupo Albe	Lucero Castro Dir. Administración Grupo Albe	Martín G. Álvarez Director general Grupo Albe

3. Bitácora de cambios y mejoras

REVISIÓN	SECCIÓN MODIFICADA	DESCRIPCIÓN DEL CAMBIO	FECHA DE MODIFICACIÓN
		No aplica porque esta política es nueva.	

NOMBRE DEL DOCUMENTO
**Método maestro para elaborar
diagramas de flujo**

4. Propósito

Ayudar a los elaboradores de métodos y procedimientos de la organización a desarrollar diagramas de flujo claros, completos y entendibles.

5. Alcance

Este método es aplicable en la elaboración de los diagramas de flujo de los métodos y procedimientos de la organización.

6. Responsable

El responsable de elaborar, difundir, utilizar y mejorar este método es la directora de administración en la organización.

7. Frecuencia de revisión

Este procedimiento se revisará, cuando menos, una vez al año, en el mes de enero o antes si hay algún cambio o mejora significativos en el proceso.

8. Vocabulario

8.1 *Diagrama de flujo*. Representación gráfica del trabajo que realiza una o más personas. Se utiliza una columna para cada puesto que participa en el método o procedimiento. Si el diagrama de flujo corresponde a la explicación de un método, se utiliza una columna; si corresponde a un procedimiento, se utilizan las columnas según los puestos activos que hay en éste.

8.2 *Símbolos básicos para elaborar un diagrama de flujo*. Basados en los símbolos que incluye el programa de software denominado Visio.

Un *rectángulo* designa una *actividad*. Dentro de éste se incluye una breve descripción de cada actividad, iniciando con un verbo en tercera persona (elabora, revisa, aprueba, etcétera).

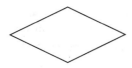

El *rombo* indica *decisión* en un punto del método o procedimiento; a partir de él se ramifican dos o más vías del camino que pueden seguirse. La vía seleccionada depende de la respuesta a la pregunta (decisión) que aparece dentro del rombo y se identifica según la respuesta a la pregunta (sí, no, cierto, falso, etcétera). Las líneas que salen del rombo deben incluir un cuadro de texto que indique clara e inequívocamente el nombre del camino a seguir.

El símbolo *terminal* es un *óvalo* que identifica, sin ambigüedad, el principio y final de un método o procedimiento, según la palabra escrita dentro de éste. Comienzo, inicio o principio son las palabras que se utilizan para designar el punto de partida, fin o final indican el final del flujo del método o procedimiento.

NOMBRE DEL DOCUMENTO
**Método maestro para elaborar
diagramas de flujo**

MANUAL PARA ELABORAR MANUALES...

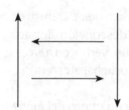

La *línea de flujo* representa una *vía del proceso* que conecta elementos del método o procedimiento: actividades, decisiones, documentos, etcétera. La punta de la flecha sobre la línea de flujo indica la dirección del flujo del método o procedimiento, y se pone al final de la línea, no sobre o a lo largo de ésta, para evitar confusiones. Sólo se permite usar flechas horizontales y verticales, no inclinadas. No se debe escribir dentro de la línea de flujo, si lo requiere, los textos se escriben sobre ésta en un cuadro de texto.

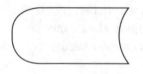

Para indicar que se están *almacenando* temporal o permantemente datos, archivos, reportes o información generada en el proceso se utiliza el símbolo *datos almacenados*.

El *conector dentro de la misma página* es un *círculo* que se utiliza para indicar continuidad del diagrama de flujo, ya sea cuando hace referencia a alguna actividad anterior o posterior a la que se describe, o cuando físicamente una actividad está relativamente lejos y no se desea utilizar una línea de flujo. Por lo general, se usan números, letras (mayúsculas, minúsculas o del alfabeto griego), textos o frases cortas dentro de éste. Por cada círculo conector que sale de alguna actividad habrá por lo menos otro que entre a otra actividad (los dos o más conectores relacionados tendrán los mismos números, letras, textos o frases cortas de referencia).

El *conector con otra página* es un *pentágono* que se utiliza para indicar continuidad del diagrama de flujo en una hoja adicional. Se utiliza cuando el diagrama de flujo abarca dos o más hojas y se desea hacer referencia a alguna actividad anterior o posterior a la que se está describiendo. Generalmente se usan números, letras (mayúsculas, minúsculas o del alfabeto griego), textos o frases cortas dentro del círculo conector. Por cada pentágono conector que sale de alguna actividad, deberá haber cuando menos otro que entre (llegue) a alguna otra actividad (los dos o más conectores relacionados tendrán los mismos números, letras, textos o frases cortas de referencia).

El símbolo *documento* representa un documento o registro controlado generado por el método o procedimiento. Se utiliza siempre que la actividad sea *imprimir*. Cuando se consulta o actualiza un documento o registro controlado, este símbolo puede ponerse detrás del rectángulo donde se realiza la actividad correspondiente.

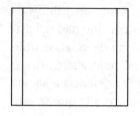

El *cuadro dentro de un rectángulo* señala un *documento controlado* (organigrama, descripción de puesto, política, procedimiento, formato, instructivo de llenado de formato o especificación) que está directamente relacionado con el método o procedimiento que se desarrolla. Este documento pertenece a un proveedor o cliente interno y se coloca al inicio, mitad o final del método o procedimiento. Dentro de este símbolo se redactará el nombre, código y actividad correspondientes pero cuando se refiera a una política, o un procedimiento o método no se describirá ninguna actividad adicional sobre cómo desarrolla el proveedor o cliente interno estas actividades.

El *cuadro de texto* representa un *breve comentario* sobre cada línea que sale de un rombo de decisión. Indica claramente el nombre del camino que sigue la línea de flujo del método o procedimiento desarrollado. Puede decir, por ejemplo, sí, no, aceptado, rechazado, pago en efectivo, pago con tarjeta de crédito, etcétera. Todas las líneas de flujo que salen de un rombo tendrán un cuadro de texto arriba o junto a ellas y es conveniente que la línea del contorno del cuadro de texto quede invisible.

9. Enlace con documentos controlados

CÓDIGO	NOMBRE DEL DOCUMENTO CONTROLADO
GAC-POL-01	Política maestra para elaborar y controlar documentos y registros controlados
GAC-PRO-02	Procedimiento maestro para elaborar y controlar documentos y registros controlados

10. Desarrollo

No.	RESPONSABLE	ACTIVIDAD
1	Elaborador del diagrama de flujo	Utiliza el procedimiento maestro para elaborar documentos y registros controlados GAC-PRO-02 y empieza a desarrollar un método o procedimiento específico.
2		Con el software autorizado en la organización (Visio) enlista los puestos de las personas que participan en el método o procedimiento y divide una hoja blanca en columnas, según el número de personas que participen en él.
3		Utiliza símbolos para definir la secuencia lógica, detallada y completa de los pasos a seguir de las personas involucradas en el método o procedimiento. Siempre indica comienzo y fin con el símbolo terminal (óvalo).
4		Redacta dentro de cada símbolo una pequeña frase que sintetiza la actividad o decisión a realizar en cada paso. Dentro del rombo no es necesario utilizar los signos de interrogación porque se entiende que ahí hay una pregunta y, por ende, una decisión que tomar.

5		Asegura que todas las líneas y conectores estén debidamente unidos. Sobre todo los rombos de decisión, que indican el camino que siguen las respuestas sí y no. Todos los símbolos deben estar conectados por, al menos, una línea de flujo, una entrada y una salida.
6		Verifica que todos los textos dentro de cada símbolo empiecen con un verbo de acción en tercera persona (compra, firma, revisa, acepta, aprueba, devuelve, sella, etiqueta, etcétera).
7		En el diagrama de flujo indica cada actividad con un número arábigo consecutivo dentro del método o procedimiento correspondiente. Numera todos los símbolos utilizados a excepción de los conectores.
8		Revisa que el diagrama esté completo para asegurar que todo lo que se ha descrito en el método o procedimiento concuerde con lo que se hace en realidad. Si hay algunas sugerencias de mejora que aún no puede implantar, lo mejor es guardarlas para la siguiente revisión del documento.
9		Prueba la validez del diagrama, verificando que no se mezcle lo que se hace en la realidad con lo que debiera hacerse.
10		Para terminar, integra el diagrama de flujo al procedimiento o método correspondiente.

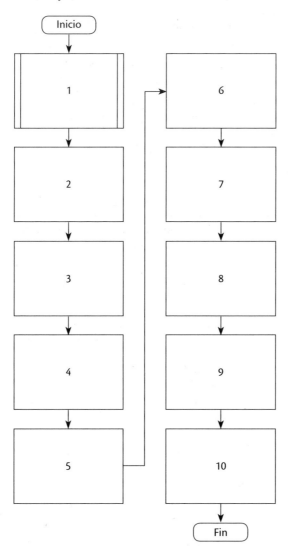

G R U P O
ALBE®
C O N S U L T O R Í A

NOMBRE DEL DOCUMENTO
**Método maestro para elaborar
diagramas de flujo**

171

ANEXO A

11. Diagrama de flujo

NOMBRE DEL DOCUMENTO
Método maestro para elaborar diagramas de flujo

12. Control de los registros generados

CÓDIGO DEL REGISTRO CONTROLADO	NOMBRE DEL REGISTRO CONTROLADO	RESPONSABLE DE LA RETENCIÓN Y ARCHIVO DEL REGISTRO CONTROLADO	TIEMPO DE RETENCIÓN DEL REGISTRO
	No aplica		

13. Anexos

No.	NOMBRE DEL ANEXO
	No hay anexos para este método.

NOMBRE DEL DOCUMENTO
**Procedimiento maestro para revisar
y mejorar documentos controlados**

1. Índice

2. Autorizaciones

Elaboró	Revisó	Aprobó
Luis G. Álvarez Consultor Grupo Albe	Lucero Castro Dir. Administración Grupo Albe	Martín G. Álvarez Director general Grupo Albe

3. Bitácora de cambios y mejoras

REVISIÓN	SECCIÓN MODIFICADA	DESCRIPCIÓN DEL CAMBIO	FECHA DE MODIFICACIÓN
01	Todas las secciones	Se agregaron secciones y el lenguaje se ajustó a la norma ISO 9000.	Enero 2010

4. Propósito

Incrementar los resultados de todos los procesos al documentar los mejores conocimientos y experiencias acumulados en todos los colaboradores de la organización.

5. Alcance

Este procedimiento es aplicable cuando haya sugerencias significativas de mejora a algún documento controlado de la organización.

6. Responsable

El responsable de elaborar, difundir, utilizar y mejorar este procedimiento es la directora de Administración en la organización.

7. Frecuencia de revisión

Este procedimiento se revisará, cuando menos, una vez al año, en el mes de enero o antes si hay algún cambio o mejora significativos en el proceso.

GRUPO
ALBE®
CONSULTORÍA

NOMBRE DEL DOCUMENTO
**Procedimiento maestro para revisar
y mejorar documentos controlados**

175

ANEXO A

8. Vocabulario

8.1 Revisión. Número arábigo de dos dígitos que indica la cantidad de veces que oficialmente el responsable del documento controlado ha incluido las mejoras en éste. Por ejemplo, 01 indica que el documento controlado ha tenido una mejora desde que se emitió, 02 cuando ha tenido dos mejoras y así sucesivamente. Todas las mejoras de cada revisión se describen en la sección 3, "Bitácora de cambios y mejoras".

8.2 Mejoras. Conjunto de sugerencias de fondo y forma que se incluyen en el documento controlado para asegurar el cumplimiento de los objetivos del proceso correspondiente, eliminar cuellos de botella e incrementar el nivel de productividad personal y empresarial.

9. Enlace con documentos controlados

CÓDIGO	NOMBRE DEL DOCUMENTO CONTROLADO
GAC-POL-01	Política maestra para elaborar y controlar documentos y registros controlados.
GAC-PRO-02	Procedimiento maestro para elaborar y controlar documentos y registros controlados.

NOMBRE DEL DOCUMENTO
**Procedimiento maestro para revisar
y mejorar documentos controlados**

10. Desarrollo

No.	RESPONSABLE	ACTIVIDAD
1	Responsable del documento controlado	Les recuerda a todos los directores y gerentes de su área que durante el mes de enero deben revisar y mejorar todos los documentos controlados a su cargo, esto con la intención de que cada uno de los colaboradores haga su lista de sugerencias de mejora con observaciones propias y de clientes y proveedores internos.
2		Recibe de cada uno de los colaboradores, por escrito y en un formato libre, las sugerencias de mejora para cada uno de sus documentos controlados.
3		Reúne a sus colaboradores en un día y horario previamente definidos para que de manera conjunta puedan revisar y mejorar todos los documentos controlados a su cargo.
4		Ingresa al sistema electrónico de la organización, a cada uno de los documentos controlados de su área.
5		Adapta, mejora y enriquece cada uno de sus documentos controlados a la realidad de la organización, las sugerencias de mejora y los conocimientos y experiencias acumulados de todos los colaboradores involucrados.

6	Responsable del documento controlado	Mejora el documento controlado, en una copia electrónica, junto con su jefe inmediato superior, da al archivo el mismo nombre pero con la terminación versión 01 o la versión de la que se trate para evitar confundirlo con la anterior. Si hubieron cambios y mejoras en los formatos maestros también debe consultarlos.

Manuales:	GAC-FOR-05
Planes de calidad:	GAC-FOR-07
Políticas:	GAC-FOR-09
Procedimientos:	GAC-FOR-11
Métodos:	GAC-FOR-13
Organigramas:	GAC-FOR-15
Perfiles de puesto:	GAC-FOR-17
Descripciones:	GAC-FOR-19
Formatos:	GAC-FOR-21
Registros:	GAC-FOR-23
Especificaciones:	GAC-FOR-25

Todos los documentos maestros se encuentran disponibles en el sistema electrónico de Grupo Albe; son solamente de lectura, excepto los formatos que son manipulables para ser utilizados en la elaboración de documentos controlados. Después de descargar el formato maestro del sistema es conveniente que grabe el archivo en su computadora con el nombre particular del documento controlado que va a elaborar, e internamente, dentro del formato, le ponga el nombre y número del código del documento controlado que le asignó su jefe inmediato. Para la elaboración de diagramas de flujo debe utilizar el programa Visio.

NOMBRE DEL DOCUMENTO
**Procedimiento maestro para revisar
y mejorar documentos controlados**

MANUAL PARA ELABORAR MANUALES...

7	Responsable del documento controlado	Se asegura de cambiar la fecha y el número de revisión dentro del documento controlado.
8		Una vez que ya tiene el nuevo borrador de su documento controlado lo imprime y lo dirige a revisión con el gerente de Desarrollo Humano.
9		En caso que no sepa cómo llenar el formato maestro correspondiente puede utilizar el instructivo de llenado del formato maestro correspondiente. Manuales: GAC-ILL-06 Planes de calidad: GAC-ILL-08 Políticas: GAC-ILL-10 Procedimientos: GAC-ILL-12 Métodos: GAC-ILL-14 Organigramas: GAC-ILL-16 Perfiles de puesto: GAC-ILL-18 Descripciones de puesto: GAC-ILL-20 Formatos: GAC-ILL-22 Registros: GAC-ILL-24 Especificaciones: GAC-ILL-26
10	Gerente de Desarrollo Humano	Revisa todo el documento validando los puestos autorizados (GAC-REG-30) y también que esté completo, sea claro, que lo ahí plasmado refleje la realidad de la organización, que sea compatible con el resto de los documentos controlados autorizados y contribuya al logro de los objetivos de la organización.

GRUPO **ALBE**® CONSULTORÍA

NOMBRE DEL DOCUMENTO
**Procedimiento maestro para revisar
y mejorar documentos controlados**

179

ANEXO A

11	Gerente de Desarrollo Humano	Toma una decisión: si está de acuerdo con el contenido del documento controlado lo dirige a la directora de Administración (paso 13) para que lo autorice; si no lo está, continúa con el paso 12 de este procedimiento.
12		Hace observaciones y sugerencias de mejora directamente en el borrador del documento. La intención de esta retroalimentación es enriquecer y liberar próxima y rápidamente el documento correspondiente. Lo devuelve al elaborador (paso 6).
13	Directora de Administración	Revisa que el documento esté completo, sea claro, que lo ahí plasmado refleje la realidad de la organización, sea compatible con el resto de los documentos controlados autorizados y contribuya al logro de los objetivos de la organización.
14		Toma una decisión: si está de acuerdo y autoriza el contenido del documento controlado lo regresa al gerente de Desarrollo Humano (paso 16) para que lo imprima; si no lo está, continúa con el paso 15 de este procedimiento.
15		Hace observaciones y sugerencias de mejora directamente en el borrador del documento presentado con el jefe del elaborador del documento controlado. La intención de esta retroalimentación es enriquecer y liberar próxima y rápidamente el documento correspondiente. Repite el paso 10 de este procedimiento.
16	Gerente de Desarrollo Humano	Imprime el documento controlado autorizado.
17		Sobre la copia impresa recopila las firmas de quién elaboró, revisó y aprobó.
18		Actualiza el nivel de revisión y la fecha de aprobación en la lista de documentos y registros controlados (GAC-REG-32).

NOMBRE DEL DOCUMENTO
**Procedimiento maestro para revisar
y mejorar documentos controlados**

19	Gerente de Desarrollo Humano	Da de alta el documento controlado en el sistema. Todos los documentos controlados los pasa a adobe excepto los formatos. Todos los documentos son solamente de consulta excepto los formatos que están disponibles en el sistema para ser utilizados por los elaboradores de documentos controlados cuando ellos lo necesiten.
20		Notifica al elaborador del documento que éste ya fue autorizado y dado de alta en el sistema.
21		Entrega el documento controlado con las firmas originales al responsable de éste.
22	Responsable del documento controlado	Difunde con todos sus colaboradores, clientes y proveedores internos y externos el documento controlado autorizado ya vigente desde que fue dado de alta. Todas las copias fotostáticas o impresas sin firmas originales se consideran obsoletas. Los únicos documentos que se consideran actualizados son los que están dentro del sistema electrónico.
23		Finalmente, archiva el documento controlado en el manual de su área autorizada. La nueva revisión de éste sustituirá a la anterior, y esta última será destruida para asegurar que solamente haya documentos vigentes con la última revisión.

NOMBRE DEL DOCUMENTO
**Procedimiento maestro para revisar
y mejorar documentos controlados**

181

ANEXO A

11. Diagrama de flujo

RESPONSABLE DE DOCUMENTOS CONTROLADOS	GERENTE DE DESARRROLLO HUMANO	DIRECTORA DE ADMINISTRACIÓN

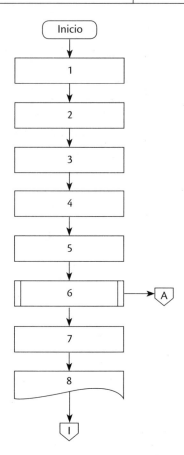

MANUAL PARA ELABORAR MANUALES...

RESPONSABLE DE DOCUMENTOS CONTROLADOS	GERENTE DE DESARRROLLO HUMANO	DIRECTORA DE ADMINISTRACIÓN

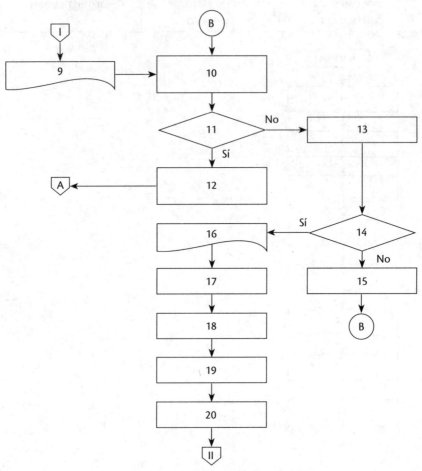

GRUPO **ALBE**® CONSULTORÍA

NOMBRE DEL DOCUMENTO
**Procedimiento maestro para revisar
y mejorar documentos controlados**

183

ANEXO A

RESPONSABLE DE DOCUMENTOS CONTROLADOS	GERENTE DE DESARRROLLO HUMANO	DIRECTORA DE ADMINISTRACIÓN

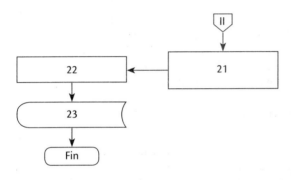

NOMBRE DEL DOCUMENTO
**Procedimiento maestro para revisar
y mejorar documentos controlados**

12. Control de los registros generados

CÓDIGO DEL REGISTRO CONTROLADO	NOMBRE DEL REGISTRO CONTROLADO	RESPONSABLE DE LA RETENCIÓN Y ARCHIVO DEL REGISTRO CONTROLADO	TIEMPO DE RETENCIÓN DEL REGISTRO
GAC-REG-28	Lista de áreas autorizadas para tener sus propios manuales de políicas y procedimientos	Directora de Administración	2 años
GAC-REG-32	Lista maestra para controlar los documentos y registros controlados	Directora de Administración	2 años
GAC-REG-34	Lista de puestos autorizados dentro de la organización	Directora de Administración	2 años

13. Anexos

No.	NOMBRE DEL ANEXO
	No hay anexos para este procedimiento.

1. Portada: Manual de políticas y procedimientos de la dirección o gerencia

Poner el nombre de la dirección o gerencia.

2. Índice

3. Autorizaciones

ELABORÓ	REVISÓ	APROBÓ
Luis G. Álvarez Consultor Grupo Albe	Lucero Castro Dir. Administración Grupo Albe	Martín G. Álvarez Director general Grupo Albe

4. Bitácora de cambios y mejoras

REVISIÓN	SECCIÓN MODIFICADA	DESCRIPCIÓN DEL CAMBIO	FECHA DE MODIFICACIÓN
		No aplica porque esta política es nueva	

5. Introducción

Favor de adjuntar.

6. Objetivos del manual

Favor de adjuntar.

7. Alcance

Favor de adjuntar.

8. Responsable

El responsable de elaborar, difundir, utilizar y mejorar este método es la directora de administración en la organización.

9. Frecuencia de revisión

Este procedimiento se revisará, cuando menos, una vez al año, en el mes de enero o antes si hay algún cambio o mejora significativos en el proceso.

10. Documentos controlados

Favor de adjuntar.

11. Planes de calidad

Favor de adjuntar.

12. Políticas

Favor de adjuntar.

13. Organigramas

Favor de adjuntar.

14. Perfiles de puesto

Favor de adjuntar.

15. Descripciones de puesto

Favor de adjuntar.

16. Políticas

Favor de adjuntar.

17. Procedimientos

Favor de adjuntar.

18. Métodos

Favor de adjuntar.

19. Formatos

Favor de adjuntar.

20. Instructivos de llenado

Favor de adjuntar.

21. Especificaciones

Favor de adjuntar.

22. Registros controlados

Favor de adjuntar.

NOMBRE DEL DOCUMENTO
**Formato maestro para elaborar
planes de calidad**

1. Índice

2. Autorizaciones

ELABORÓ	REVISÓ	APROBÓ
Luis G. Álvarez Consultor Grupo Albe	Lucero Castro Dir. Administración Grupo Albe	Martín G. Álvarez Director general Grupo Albe

3. Bitácora de cambios y mejoras

REVISIÓN	SECCIÓN MODIFICADA	DESCRIPCIÓN DEL CAMBIO	FECHA DE MODIFICACIÓN

NOMBRE DEL DOCUMENTO
Formato maestro para elaborar planes de calidad

4. Propósito del plan de calidad

5. Alcance

6. Responsable

El responsable de elaborar, difundir, utilizar y mejorar este plan de calidad es el [nombre del puesto responsable] de la organización.

7. Frecuencia de revisión

Este plan de calidad se revisará, cuando menos, una vez al año, en el mes de enero o antes si hay algún cambio o mejora significativos en el proceso.

8. Objetivos

PROCESO / SUBPROCESO	INDICADOR	META

9. Mapeo del proceso

[Se puede importar del software denominado Visio]

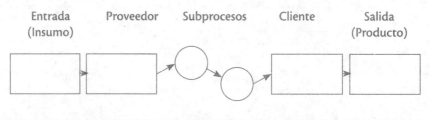

CÓDIGO: GAC-FOR-07   FECHA: enero 2015   REVISIÓN: 00   PÁGINA: 2 de 3

NOMBRE DEL DOCUMENTO
**Formato maestro para elaborar
planes de calidad**

191

ANEXO A

10. Correlación de documentos y registros controlados

SUBPROCESO	DOCUMENTOS CONTROLADOS	REGISTROS CONTROLADOS

11. Auditoría del proceso

No.	PREGUNTAS	CUMPLE		NOTAS
		Sí	No	
1				

Porcentaje de cumplimiento del proceso = (no. de preguntas que cumplen) x 100 / total de preguntas

1. Índice

2. Autorizaciones

ELABORÓ	REVISÓ	APROBÓ
Luis G. Álvarez Consultor Grupo Albe	Lucero Castro Dir. Administración Grupo Albe	Martín G. Álvarez Director general Grupo Albe

3. Bitácora de cambios y mejoras

REVISIÓN	SECCIÓN MODIFICADA	DESCRIPCIÓN DEL CAMBIO	FECHA DE MODIFICACIÓN

4. Propósito de la política

5. Alcance

6. Responsable

El responsable de elaborar, difundir, utilizar y mejorar esta política es el [nombre del puesto responsable] de la organización.

7. Frecuencia de revisión

Este procedimiento se revisará, cuando menos, una vez al año, en el mes de enero o antes si hay algún cambio o mejora significativos en el proceso.

8. Vocabulario

9. Enlace con documentos controlados

CÓDIGO	NOMBRE DEL DOCUMENTO CONTROLADO

10. Política: responsabilidades

No.	RESPONSABLE	RESPONSABILIDADES

11. Control de los registros generados

CÓDIGO DEL REGISTRO CONTROLADO	NOMBRE DEL REGISTRO CONTROLADO	RESPONSABLE DE LA RETENCIÓN Y ARCHIVO DEL REGISTRO CONTROLADO	TIEMPO DE RETENCIÓN DEL REGISTRO

12. Anexos

No.	NOMBRE DEL ANEXO

1. Índice

2. Autorizaciones

ELABORÓ	REVISÓ	APROBÓ
Luis G. Álvarez	Lucero Castro	Martín G. Álvarez
Consultor	Dir. Administración	Director general
Grupo Albe	Grupo Albe	Grupo Albe

3. Bitácora de cambios y mejoras

REVISIÓN	SECCIÓN MODIFICADA	DESCRIPCIÓN DEL CAMBIO	FECHA DE MODIFICACIÓN

4. Propósito del procedimiento

5. Alcance

6. Responsable

El responsable de elaborar, difundir, utilizar y mejorar este procedimiento es el [nombre del puesto responsable] de la organización.

7. Frecuencia de revisión

Este procedimiento se revisará, cuando menos, una vez al año, en el mes de enero o antes si hay algún cambio o mejora significativos en el proceso.

8. Vocabulario

9. Enlace con documentos controlados

CÓDIGO	NOMBRE DEL DOCUMENTO CONTROLADO

10. Desarrollo

No.	RESPONSABLE	ACTIVIDAD

11. Diagrama de flujo

Formato maestro para elaborar procedimientos

12. Registros controlados

CÓDIGO DEL REGISTRO CONTROLADO	NOMBRE DEL REGISTRO CONTROLADO	RESPONSABLE DE LA RETENCIÓN Y ARCHIVO DEL REGISTRO CONTROLADO	TIEMPO DE RETENCIÓN DEL REGISTRO

13. Anexos

No.	NOMBRE DEL ANEXO

1. Índice

2. Autorizaciones

ELABORÓ	REVISÓ	APROBÓ
Luis G. Álvarez	Lucero Castro	Martín G. Álvarez
Consultor	Dir. Administración	Director general
Grupo Albe	Grupo Albe	Grupo Albe

3. Bitácora de cambios y mejoras

REVISIÓN	SECCIÓN MODIFICADA	DESCRIPCIÓN DEL CAMBIO	FECHA DE MODIFICACIÓN

NOMBRE DEL DOCUMENTO
Formato maestro para elaborar métodos

4. Propósito del método

5. Alcance

6. Responsable

El responsable de elaborar, difundir, utilizar y mejorar este método es el [nombre del puesto responsable] de la organización.

7. Frecuencia de revisión

Este procedimiento se revisará, cuando menos, una vez al año, en el mes de enero o antes si hay algún cambio o mejora significativos en el proceso.

8. Vocabulario

9. Enlace con documentos controlados

CÓDIGO	NOMBRE DEL DOCUMENTO CONTROLADO

10. Desarrollo

No.	RESPONSABLE	ACTIVIDAD
1		

11. Diagrama de flujo

12. Control de registros generados

CÓDIGO DEL REGISTRO CONTROLADO	NOMBRE DEL REGISTRO CONTROLADO	RESPONSABLE DE LA RETENCIÓN Y ARCHIVO DEL REGISTRO CONTROLADO	TIEMPO DE RETENCIÓN DEL REGISTRO

13. Anexos

No.	NOMBRE DEL ANEXO

1. Desarrollo de organigrama

2. Autorizaciones

ELABORÓ	REVISÓ	APROBÓ
Luis G. Álvarez Consultor Grupo Albe	Lucero Castro Dir. Administración Grupo Albe	Martín G. Álvarez Director general Grupo Albe

1. Índice

2. Nombre del puesto

3. Misión del puesto

4. Líneas de autoridad

PUESTO AL QUE LE REPORTA	
PUESTOS QUE LE REPORTAN DIRECTAMENTE	
CANTIDAD TOTAL DE PERSONAL QUE LE REPORTA (DIRECTA E INDIRECTAMENTE)	

5. Procesos en los que participa

6. Responsabilidades

No.	TEMA/PROCESO	RESPONSABILIDADES
1		

7. Objetivos esperados

No.	RESPONSABLE	OBJETIVO	META ANUAL
1			

8. Conocimientos

9. Habilidades

10. Experiencia

TEMA / PROCESO	RESPONSABILIDADES
Años de trabajar en puestos similares	
Años en la industria	
Años de experiencia laboral	
Tipo de empresas en que ha trabajado	
Tipo de industrias en que ha trabajado	
Otros	

NOMBRE DEL DOCUMENTO
**Formato maestro para elaborar
perfiles de puesto**

209

ANEXO A

11. Requerimientos del puesto

TEMA / PROCESO	REQUERIMIENTO
Sexo	
Escolaridad	
Edad	
Estado civil	
Disponibilidad de horario	
Disponibilidad para viajar	
Idiomas (adicionales al español)	
Otros	

12. Competencias laborales

COMPETENCIA LABORAL (TOMARLA DEL DICCIONARIO DE COMPETENCIAS LABORALES DE LA ORGANIZACIÓN)	GRADO DE DOMINIO REQUERIDO (MARCAR CON UNA "X")			
	MUY ALTO	ALTO	NORMAL	BAJO
Fundamentales				
Compromiso con la empresa				
Orientación al cliente				
Puntualidad				
Proactividad				

Comunicación interpersonal				
Otras				
De gestión				
Liderazgo				
Trabajo en equipo				
Negociación				
Aprovechamiento de recursos				
Organización				
Otras				

13. Autorizaciones

ELABORÓ	REVISÓ	APROBÓ
Luis G. Álvarez Consultor Grupo Albe	Lucero Castro Dir. Administración Grupo Albe	Martín G. Álvarez Director general Grupo Albe

1. Índice

2. Nombre del puesto

3. Misión del puesto

4. Líneas de autoridad

PUESTO AL QUE LE REPORTA	
PUESTOS QUE LE REPORTAN DIRECTAMENTE	
CANTIDAD TOTAL DE PERSONAL QUE LE REPORTA (DIRECTA E INDIRECTAMENTE)	

5. Procesos en los que participa

NOMBRE DEL DOCUMENTO
Formato maestro para elaborar descripciones de puesto

6. Responsabilidades

No.	TEMA/PROCESO	RESPONSABILIDADES
1		

7. Objetivos

No.	TEMA/PROCESO	OBJETIVO	META ANUAL
1			

8. Relaciones internas

PUESTO	DESCRIPCIÓN GENERAL DE LA RELACIÓN

9. Relaciones externas

PUESTO / ENTIDAD	DESCRIPCIÓN GENERAL DE LA RELACIÓN

10. Autorizaciones

ELABORÓ	REVISÓ	APROBÓ
Luis G. Álvarez Consultor Grupo Albe	Lucero Castro Dir. Administración Grupo Albe	Martín G. Álvarez Director general Grupo Albe

GRUPO
ALBE®
CONSULTORÍA

NOMBRE DEL DOCUMENTO
**Formato maestro para elaborar
formatos**

1. Formato

2. Autorizaciones

ELABORÓ	REVISÓ	APROBÓ
Luis G. Álvarez Consultor Grupo Albe	Lucero Castro Dir. Administración Grupo Albe	Martín G. Álvarez Director general Grupo Albe

1. Registro

2. Autorizaciones

ELABORÓ	REVISÓ	APROBÓ
Luis G. Álvarez Consultor Grupo Albe	Lucero Castro Dir. Administración Grupo Albe	Martín G. Álvarez Director general Grupo Albe

1. Índice

2. Propósito de la especificación

3. Especificaciones de las características

No.	CRÍTICA		DESCRIPCIÓN DE LA CARACTERÍSTICA	ESPECIFICACIÓN DE CADA CARACTERÍSTICA (VALOR NOMINAL Y TOLERANCIAS; LÍMITE INFERIOR Y LÍMITE SUPERIOR)
	Sí	No		
1				
2				
3				
4				
5				
6				
7				
8				
9				
10				

NOMBRE DEL DOCUMENTO
Formato maestro para elaborar especificaciones

4. Autorizaciones

ELABORÓ	REVISÓ	APROBÓ
Luis G. Álvarez Consultor Grupo Albe	Lucero Castro Dir. Administración Grupo Albe	Martín G. Álvarez Director general Grupo Albe

ANEXO B

ANEXO B

Ejemplos de documentos controlados

DEGASA-ORG-RH-07. Organigrama de la gerencia de Recursos Humanos.
EL ESTRATEGA-PERFIL-10. Perfil de puesto del director general.
REFRICO-DESC-22. Descripción de puesto del gerente de Ventas.
GRISI-PLAN-40. Plan de calidad del proceso de manufactura.
FOGONCITO-POL-48. Política para atender a huéspedes y clientes.
TOPTEN- PRO-61. Procedimiento para hacer el plan estratégico anual.
CALDERÓN-MÉT-68. Método para cobrar al cliente en una sucursal.
AMF-FOR-73. Formato para evaluar el nivel de satisfacción del cliente.
FEHER-FOR-82. Instructivo de llenado del formato *Factura.*
LA FRANQUICIA-ESP-99. Especificación para acomodar mercancía en la sucursal.

La llave del éxito en la vida es el conocimiento del valor de las cosas.

JOHN BOYLE O'REILLY

Mi principal trabajo fue desarrollar talento.
Fui un jardinero que suministró agua y nutrientes a nuestros mejores 750 ejecutivos.
Claro que tuve que extraer algunos yuyos también.

JACK WELCH

Organigrama de la gerencia de recursos humanos

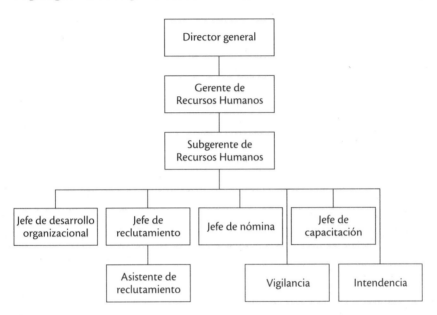

Autorizaciones

ELABORÓ	REVISÓ	APROBÓ
María Eugenia Velázquez Subgerente de RH Degasa	Oscar Mañón Gerente de RH Degasa	Jorge Rodríguez Director general Degasa

1. Índice

2. Nombre del puesto

Director general

3. Misión del puesto

Asegurar el crecimiento y desarrollo organizacional de la organización.

EL ESTRATEGA

4. Líneas de autoridad

PUESTO AL QUE LE REPORTA	Presidente del Consejo de Administración
PUESTOS QUE LE REPORTAN DIRECTAMENTE	Asistente
	Gerente de Ventas
	Gerente de Manufactura
	Gerente de Recursos Humanos
	Gerente de Administración y Finanzas
	Gerente de Tecnología de la Información
	Gerente de Aseguramiento de Calidad
CANTIDAD TOTAL DE PERSONAL QUE LE REPORTA (DIRECTA E INDIRECTAMENTE)	250 personas

5. Procesos en los que participa

5.1 *Planeación estratégica.*
5.2 *Comercialización.*
5.3 *Manufactura.*
5.4 *Administración de recursos humanos.*
5.5 *Administración de recursos financieros.*
5.6 *Administración de recursos tecnológicos.*

6. Responsabilidades

No.	Tema/Proceso	Responsabilidades
1	Planeación estratégica	Diseñar e implantar anualmente el plan estratégico de la organización.
2		Proporcionar los recursos humanos, financieros y tecnológicos que necesitan todas las áreas para cumplir 100% con sus objetivos anuales.
3	Comercialización	Incrementar anualmente la participación de mercado de la organización.
4		Innovar el catálogo de productos al ritmo requerido por las tendencias del mercado.
5	Manufactura	Asegurar la calidad de los productos manufacturados en la organización.
6	Administración de recursos humanos	Tener un clima laboral de alta productividad y una cultura organizacional basada en los valores éticos y morales de la organización.
7	Administración de recursos financieros	Mantener un crecimiento económico sano que garantice anualmente el cumplimiento de los objetivos estratégicos de satisfacción de los accionistas.
8	Administración de recursos tecnológicos	Mantener un ritmo de innovación tecnológica acorde a las necesidades de la organización y las tendencias del mercado.

EL ESTRATEGA

NOMBRE DEL DOCUMENTO

Perfil de puesto del director general

7. Objetivos esperados

No.	RESPONSABLE	OBJETIVO	META ANUAL
1	Crecimiento económico y desarrollo organizacional	Satisfacción de los accionistas	Mínimo 95%
2	Comercialización	Satisfacción de los clientes	Mínimo 95%
3	Manufactura	Calidad del producto	Mínimo 99%
4	Administración de recursos humanos	Satisfacción de los colaboradores	Mínimo 90%
5	Administración de recursos financieros	Utilidades	Mínimo 20%
6	Administración de recursos tecnológicos	Eficiencia organizacional	Mínimo 95%

8. Conocimientos

8.1 Administración de organizaciones.
8.2 Planeación estratégica.
8.3 Administración financiera.
8.4 Trabajo con equipos de alto rendimiento.
8.5 Delegación de responsabilidades.

9. Habilidades

9.1 Liderazgo.
9.2 Negociación.
9.3 Desarrollar el potencial de colaboradores.

10. Experiencia

TEMA / PROCESO	RESPONSABILIDADES
Años de trabajar en puestos similares	Mínimo 5 años
Años en la industria	Mínimo 5 años
Años de experiencia laboral	Mínimo 20 años
Tipo de empresas en que ha trabajado	De manufactura y comercialización
Tipo de industrias en que ha trabajado	Relacionadas con la industria mueblera
Otros	

11. Requerimientos del puesto

TEMA / PROCESO	REQUERIMIENTO
Sexo	Masculino (de preferencia)
Escolaridad	Ingeniero químico o ingeniero industrial
	Maestría en administración o similar (mínimo)
Edad	Mínimo 40 años
Estado civil	Preferentemente casado
Disponibilidad de horario	Sí
Disponibilidad para viajar	Sí
Idiomas (adicionales al español)	Inglés 100%
Otras	

EL ESTRATEGA	NOMBRE DEL DOCUMENTO
	Perfil de puesto del director general

12. Competencias laborales

COMPETENCIA LABORAL (TOMARLA DEL DICCIONARIO DE COMPETENCIAS LABORALES DE LA ORGANIZACIÓN)	GRADO DE DOMINIO REQUERIDO (MARCAR CON UNA "X")			
	MUY ALTO	ALTO	NORMAL	BAJO
Fundamentales				
Compromiso con la empresa	Sí			
Orientación al cliente	Sí			
Proactividad	Sí			
Comunicación interpersonal	Sí			
De gestión				
Liderazgo	Sí			
Trabajo en equipo	Sí			
Negociación	Sí			
Aprovechamiento de recursos		Sí		

13. Autorizaciones

ELABORÓ	REVISÓ	APROBÓ
Claudia de la Fuente Gerente de Recursos Humanos El Estratega	Lucero Sánchez Gerente de Administración y Finanzas El Estratega	Gerardo Rodríguez Director general El Estratega

1. Índice

2. Autorizaciones

ELABORÓ	REVISÓ	APROBÓ
Juan Carlos Foubert Sánchez Gerente de Ventas Refrico, S. A de C. V	Esther Allende Gerente de Recursos Humanos Refrico, S. A de C. V	Gabriel Guzmán Martínez Director general Refrico, S. A de C. V

3. Nombre del puesto

Gerente de Ventas.

4. Misión del puesto

Incrementar anualmente los ingresos y utilidades de la organización.

5. Líneas de autoridad

PUESTO AL QUE LE REPORTA	Director general
PUESTOS QUE LE REPORTAN DIRECTAMENTE	Cinco gerentes de sucursales
	Gerente de ventas de mayoreo
	Jefe de Mercadotecnia
	Un asistente
CANTIDAD TOTAL DE PERSONAL QUE LE REPORTA (DIRECTA E INDIRECTAMENTE)	100 personas

6. Procesos en los que participa

6.1 *Planeación estratégica.*
6.2 *Comercialización.*
6.3 *Administración de recursos humanos.*
6.4 *Administración de recursos financieros.*
6.5 *Administración de recursos tecnológicos.*

7. Responsabilidades

No.	TEMA/PROCESO	RESPONSABILIDADES
1	Planeación estratégica	Cumplir con los objetivos y estrategias del plan estratégico donde él sea el líder.

2	Comercialización	Satisfacer las necesidades de los clientes respecto a calidad, precio e innovación.
3		Incrementar anualmente la participación de mercado de la organización.
4		Sugerir, de forma permanente, innovaciones al catálogo de productos.
5		Incrementar la lealtad de los clientes hacia nuestra *marca*.
6		Obtener la recomendación de nuestros clientes con otros clientes potenciales.
7	Administración de recursos humanos	Tener dentro de su área un clima laboral de alta productividad y una cultura organizacional basada en los valores éticos y morales de la organización.
8	Administración de recursos financieros	Cumplir con los objetivos estratégicos financieros de la organización.
9	Administración de recursos tecnológicos	Aprovechar al máximo la innovación tecnológica de la organización.

8. Objetivos

No.	TEMA / PROCESO	OBJETIVO	META ANUAL
1	Planeación estratégica	Cumplimiento del tablero de control	Mínimo 95%
2	Comercialización	Vender	Mínimo 100 mdp
3		Satisfacción de clientes	Mínimo 95%

Descripción de puesto del gerente de Ventas

4	Administración de recursos humanos	Satisfacción de colaboradores del área de ventas	Mínimo 90%
5	Administración de recursos financieros	Utilidades	Mínimo 20%
6	Administración de recursos tecnológicos	No aplica	

9. Relaciones internas

Puesto	Descripción general de la relación
Director comercial metropolitano	Informa semanal y mensualmente el cumplimiento de sus objetivos y estrategias.
Gerente corporativo de recursos humanos	Mantiene comunicación y retroalimentación constante con relación a sus colaboradores.
Director administrativo y control interno	Mantiene comunicación y retroalimentación constante con relación a los resultados financieros: ventas, costos, gastos, utilidades y comisiones.
Gerente de aseguramiento de calidad	Mantiene comunicación y retroalimentación constante con relación al funcionamiento del sistema de gestión de la calidad iso 9000.
Gerentes de las sucursales	Mantiene comunicación y retroalimentación constante con relación a la administración y operación de la sucursal a su cargo.
Gerente de ventas de mayoreo	Mantiene comunicación y retroalimentación constante con relación a la administración y operación de su cartera de clientes.

Todos los colaboradores	Mantienen relaciones cordiales y corteses.

10. Relaciones externas

PUESTO	DESCRIPCIÓN GENERAL DE LA RELACIÓN
Las entidades gubernamentales	Cumplen con las obligaciones legales y fiscales.
Las cámaras, asociaciones y universidades	Mantienen comunicación y retroalimentación constante con relación a las necesidades y tendencias del mercado.
La comunidad y los vecinos	Mantienen comunicación y retroalimentación constante con relación al mutuo respeto y la buena convivencia.
El sindicato	Mantiene comunicación y retroalimentación constante para preservar las buenas relaciones laborales.
Los proveedores	Mantienen comunicación y retroalimentación constante con relación a los servicios contratados.

1. Índice

2. Autorizaciones

ELABORÓ	REVISÓ	APROBÓ
Arturo Samaniego Gerente de Producción Grupo Grisi	Carlos Roldán E. Director de Manufactura Grupo Grisi	Alfredo Grisi U. Subdirector general Grupo Grisi

3. Bitácora de cambios y mejoras

REVISIÓN	SECCIÓN MODIFICADA	DESCRIPCIÓN DEL CAMBIO	FECHA DE MODIFICACIÓN

4. Propósito del plan de calidad

Asegurar la calidad de todos los productos manufacturados y acondicionados en la organización.

5. Alcance

Este plan de calidad aplica a la planta de manufactura del Grupo Grisi.

6. Responsable

El responsable de elaborar, difundir, utilizar y mejorar este plan de calidad es el director de manufactura de la organización.

7. Frecuencia de revisión

Este plan de calidad se revisará, cuando menos, una vez al año, en el mes de enero o antes si hay algún cambio o mejora significativos en el proceso.

8. Objetivos

Proceso / Subproceso	Indicador	Meta
Fabricación y acondicionamiento	Cumplir con los programas de producción.	100%
	Cumplir el tiempo estándar en las órdenes de fabricación y acondicionamiento.	90%
	Tiempos muertos.	Máximo 8%
	Cumplir con el costo estándar en las órdenes de fabricación y acondicionamiento.	Mínimo al 90% del estándar de costos

MANUAL PARA ELABORAR MANUALES...

9. Mapeo del proceso

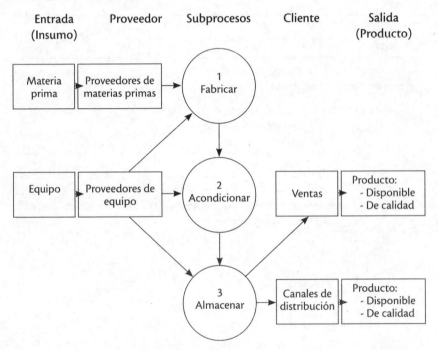

Entrada (Insumo) — Proveedor — Subprocesos — Cliente — Salida (Producto)

| Materia prima | → | Proveedores de materias primas | → | 1 Fabricar |

| Equipo | → | Proveedores de equipo | → | 2 Acondicionar | → | Ventas | → | Producto: - Disponible - De calidad |

| 3 Almacenar | → | Canales de distribución | → | Producto: - Disponible - De calidad |

10. Correlación de documentos y registros controlados

Proceso / Subproceso	Documentos controlados	Registros controlados
Mezclado y molienda	Protocolo de fabricación por producto GRISI-PROT-01 al 250	Protocolo de fabricación Gráfica de control de peso Gráfica de control de humedad Gráfica de control de tiempos
Extruido, corte y troquelado		
Acondicionado en estuche		Protocolos de acondicionamiento
Acondicionado en caja corrugada		Protocolos de acondicionamiento
Sellado y loteado en caja corrugada		Número de lote Nombre del producto
Estibado y entrega		Formato de identificación Etiqueta de inspección por control de calidad Traspaso de producción para entrega al centro de distribución
Sanitización de tanques		Etiqueta de control Etiqueta de limpio Etiqueta de aprobado Rendimiento Protocolo de fabricación
Fabricación de productos		
Transferencia		

Sanitización de equipo	Protocolos de acondicionamiento GRISI-PROT-501 a 750	Bitácora de limpieza y sanitización
Llenado de producto		Gráfica de control del proceso de llenado Gráfica de control del torque para llenado Gráfica de control de tiempos Etiqueta de aprobado
Etiquetado y loteado de producto		Volumen Presión Calidad
Empaque		Etiqueta de aprobado
Estibado y entrega		
Acondicionado en estuche previo loteado	PNO-DM-163 Procedimiento para limpieza y sanitización de las áreas de acondicionamiento Protocolos de acondicionamiento GRISI-PROT-501 a 750	Protocolos de acondicionamiento
Acondicionado en caja corrugada	PNO-DM-165 Procedimiento para limpieza de selladora Protocolos de acondicionamiento GRISI-PROT-501 a 750	Protocolos de acondicionamiento

Estibado y entrega	PNO-DM-119 Procedimiento para la conciliación de materiales PNO-DM-122 Procedimiento para el manejo del producto terminado	Traspaso de producción Formato de identificación *área limpia* Gráfica de control de hermeticidad para el llenado de tubo

11. Auditoría del proceso

No.	Preguntas	Cumple		Notas
		Sí	No	
1	Existe evidencia de elaboración y cumplimiento del programa mensual y semanal.			
2	Existe evidencia del suministro de los recursos para cumplir con el plan sugerido.			
3	Existe evidencia de surtido de materiales de acuerdo a órdenes.			
4	Existe evidencia de cómo se hace la limpieza y liberación de las áreas y los equipos.			
5	Existe evidencia de cómo se lleva a cabo el control del proceso de fabricación.			
6	Existe evidencia de cómo se realiza el análisis del producto físico, químico y biológico.			

Plan de calidad para el proceso de manufactura

7	Existe evidencia de cómo se lleva a cabo el control del proceso de acondicionamiento.			
8	Existe evidencia de cómo se hace el cierre de las órdenes y captura de la información.			
9	Existe evidencia de la entrega de la documentación del producto terminado.			
	Total			

Porcentaje de cumplimiento del proceso = (no. de preguntas que cumplen) x 100 / total de preguntas

1. Índice

2. Autorizaciones

Elaboró	Revisó	Aprobó
Carlos Mendoza A. Gerente de operaciones El Fogoncito	Lilián Chávez Ch. Gerente general El Fogoncito	Carlos Roberts A. Director general El Fogoncito

3. Bitácora de cambios y mejoras

Revisión	Sección modificada	Descripción del cambio	Fecha de modificación

MANUAL PARA ELABORAR MANUALES...

4. Propósito del plan de calidad

Atender las necesidades de los huéspedes ofreciéndoles un producto y servicio de calidad, dentro de una ambientación extraordinaria.

5. Alcance

Esta política aplica a toda la red de franquiciatarios.

6. Responsable

El responsable de elaborar, difundir, utilizar y mejorar esta política es el gerente de operaciones de la organización.

7. Frecuencia de revisión

Esta política se revisará, cuando menos, una vez al año, en el mes de enero o antes si hay algún cambio o mejora significativos en el proceso.

8. Vocabulario

8.1 *Anfitrión.* Toda aquella persona que atiende directa e indirectamente a un huésped.

8.2 *Huésped.* Toda aquella persona que consume alimentos en la franquicia y a quien todos los colaboradores de la organización le ofrecen un trato amable, personalizado y cortés que satisface sus necesidades de alimentación, servicio y ambientación.

8.3 *Cliente.* Es toda aquella persona física o moral que le solicita a la organización una parrillada o un servicio a domicilio.

9. Enlace con documentos controlados

CÓDIGO	NOMBRE DEL DOCUMENTO CONTROLADO
FOGONCITO-PLAN-24	Plan de calidad del proceso de operaciones.

10. Desarrollo

No.	RESPONSABLE	ACTIVIDAD
1	Gerente de operaciones	Mantiene las instalaciones y equipo de las sucursales a su cargo en óptimas condiciones de acuerdo al procedimiento FOGONCITO-PRO-GO-27.
2		Verifica continuamente la atención al huésped de acuerdo al procedimiento FOGONCITO-PRO-GO-32.
3	Gerente de la sucursal	Mantiene la calidad en el servicio de acuerdo al procedimiento FOGONCITO-PRO-GO-38.
4		Atiende las solicitudes de los clientes de parrilladas y que hayan pagado cuando menos 50% de anticipo de acuerdo al procedimiento FOGONCITO-PRO-GO-44.
5		Atiende a los clientes de servicio a domicilio una vez que ellos den su autorización a la cotización correspondiente de acuerdo al procedimiento FOGONCITO PRO-GO-49.
6		Se asegurará que todos los huéspedes que visitan su unidad queden plenamente satisfechos.
7		Proporciona todos los recursos necesarios para que los anfitriones y colaboradores cumplan adecuadamente con sus funciones.

Política para atender a huéspedes y a clientes

MANUAL PARA ELABORAR MANUALES...

8		Resuelve asertivamente cualquier situación relacionada con su sucursal.
9		Recibe la mercancía del almacén diariamente, al iniciar el turno a las 10:00 a.m., y la distribuye al área correspondiente conforme al procedimiento FOGONCITO PRO-GO-54.
10		Se asegura que diariamente el montaje y limpieza del salón esté listo antes de las 12:00 p.m., con base en el procedimiento FOGONCITO-PRO-GO-64.
11		Cobra oportuna y amablemente al huésped su consumo de acuerdo con el procedimiento FOGONCITO-PRO-GO-71.
12		Supervisa la recepción del huésped de acuerdo con el procedimiento FOGONCITO-PRO-GO-75.
13	Anfitrión	Atiende de forma amable y cortés las órdenes del huésped de acuerdo con el procedimiento FOGONCITO-PRO-GO-80.
14		Mantiene dentro del sistema de punto de venta en tiempo real toda la información relativa a las cuentas de los huéspedes.
15		Atiende adecuadamente cualquier necesidad de los huéspedes, independientemente de que sean peticiones especiales, sin que esto ocasione conflictos con otros huéspedes.
16		Cobra la cuenta al huésped de acuerdo con el procedimiento FOGONCITO-PRO-GO-85. Solamente pueden recibir pagos en efectivo (pesos o dólares) o con tarjeta de crédito. No acepta vales, cheques ni ningún otro instrumento financiero.

17	Parrilleros, pastoreros y cocineros	Elaboran los platillos antes y durante la visita del huésped conforme a las recetas de la casa, de acuerdo con el procedimiento FOGONCITO-PRO-GO-90.
18		Solamente preparan platillos cuando el anfitrión les pase por escrito las órdenes de los huéspedes o las solicitudes de servicios a clientes.
19		Mantienen limpias sus áreas de trabajo antes, durante y después de su trabajo.

11. Control de los registros generados

CÓDIGO DEL REGISTRO CONTROLADO	NOMBRE DEL REGISTRO CONTROLADO	RESPONSABLE DE LA RETENCIÓN Y ARCHIVO DEL REGISTRO CONTROLADO	TIEMPO DE RETENCIÓN DEL REGISTRO
	Los requeridos en cada procedimiento		

12. Anexos

No.	NOMBRE DEL ANEXO
	No hay anexos para esta política

1. Índice

2. Autorizaciones

ELABORÓ	REVISÓ	APROBÓ
Roberto Rodríguez Consultor Top Ten	Martín G. Álvarez Director de planeación Top Ten	Gabriel López N. Director general Top Ten

3. Bitácora de cambios y mejoras

REVISIÓN	SECCIÓN MODIFICADA	DESCRIPCIÓN DEL CAMBIO	FECHA DE MODIFICACIÓN
08	Todas	Se mejoró el tablero de control	Enero 2015

4. Propósito del plan de calidad

Incrementar el nivel de competitividad de la organización a través del diseño e implantación de objetivos y estrategias de alta contribución alineados a la satisfacción de los accionistas, clientes y colaboradores.

5. Alcance

Este procedimiento es aplicable en el último trimestre del año para visualizar el plan de negocio del siguiente año.

6. Responsable

El responsable de elaborar, difundir, utilizar y mejorar esta política es el gerente de operaciones de la organización.

7. Frecuencia de revisión

Este procedimiento se revisará, cuando menos, una vez al año, en el mes de octubre o antes si hay algún cambio o mejora significativos en el proceso.

8. Vocabulario

8.1 *Disciplina de negocio.* Concepto por el que la organización quiere ser reconocida en el mercado por sus clientes. A saber: menor costo total (basado en un modelo de eficiencia operativa), mejor producto (basado en un modelo de liderazgo en innovación de producto), o mejor solución total (basado en un modelo de intimidad con el cliente).

8.2 Estrategias de negocio. Conjunto de conceptos generales que le muestran a la empresa cómo alcanzar sus objetivos de negocio. Las estrategias se complementan unas a otras para alcanzar a éstos. Los objetivos y metas ambiciosos requieren de estrategias de negocio, ofensivas y defensivas, sólidas, mismas que se diseñan de afuera hacia dentro de la organización, es decir, para ganar se requiere una filosofía de *como veo, doy.* Por lo tanto, las estrategias son flexibles en función de las circunstancias cambiantes de la propia organización.

8.3 Factores clave de éxito. Todos aquellos elementos que harán que la organización tenga éxito en su mercado y mantenga altos niveles de competitividad. Por ejemplo: calidad, precio, innovación, investigación, desarrollo, servicio, mercadotecnia, tiempo de respuesta, cobertura, entrenamiento, etcétera.

8.4 Misión de negocio. Es la razón de ser de la organización. ¿Para qué existe la empresa? ¿En qué negocio debe estar? Presenta en *blanco y negro* los productos que ofrece la organización, las necesidades que satisface de los clientes y los mercados a los que se dirige.

8.5 Objetivos estratégicos. Conjunto de resultados vitales para el crecimiento y desarrollo de la organización: ventas, utilidades, rentabilidad, participación de mercado, innovación de productos, reinversión, etcétera.

8.6 Plan estratégico. Documento que contiene los objetivos estratégicos, las estrategias de negocio y los programas de trabajo de la organización para el año siguiente y el esbozo de los planes a cinco años.

8.7 Programas de trabajo. Conjunto de documentos que incluyen las estrategias y acciones específicas que serán desarrolladas el próximo año por los equipos de trabajo multidisciplinarios y

naturales, como base para el cumplimiento cabal de los objetivos estratégicos.

8.8 *Tablero de control.* Documento (generalmente de una hoja) que muestra de forma alineada los objetivos y las estrategias y actividades a desarrollar para ejecutar el plan estratégico de la organización.

8.9 *Visión de negocio.* Es el sueño al que aspira llegar la empresa en el futuro.

9. Enlace con documentos controlados

CÓDIGO	NOMBRE DEL DOCUMENTO CONTROLADO
TOP TEN-PRO-ADMON-25	Procedimiento para hacer el presupuesto anual de la organización.

10. Desarrollo

No.	RESPONSABLE	ACTIVIDAD
1	Equipo directivo	El último trimestre de cada año hace un diagnóstico de competitividad organizacional. Puede contratar a un despacho de consultoría para tener mayor objetividad sobre la situación actual de la organización con base en un modelo de gestión.
2		Da capacitación a todos los miembros del equipo directivo para asegurar que haya un criterio uniforme sobre la forma de desarrollar el plan estratégico anual de la organización.
3		Asigna las tareas de investigación del medio ambiente externo e interno a los directores y gerentes que mejor puedan traer y recopilar la información solicitada.

4		Revisa la información del medio ambiente externo e interno recopilada.
5		Diseña o rediseña la visión, misión y disciplina de negocio, los factores clave de éxito, el mapeo estratégico, los objetivos estratégicos, las estrategias de negocio y el programa de trabajo.
6		Elabora el tablero de control del año siguiente.
7		Elabora el presupuesto anual de ventas, financiero y de todos los objetivos, estrategias y actividades a desarrollar el siguiente año.
8		Da visto bueno al tablero de control, a los objetivos, indicadores, metas, estrategias y al programa de trabajo y presupuesto anual.
9		Revisa al cierre de cada mes el cumplimiento de los objetivos estratégicos.
10		Revisa trimestralmente el cumplimiento de las estrategias y el programa de trabajo. En función de la situación y cambios del medio ambiente externo o interno puede haber ajustes en el plan estratégico correspondiente.

11. Diagrama de flujo

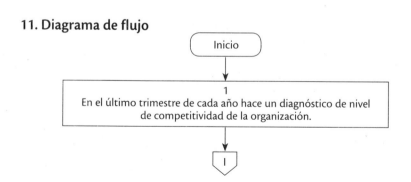

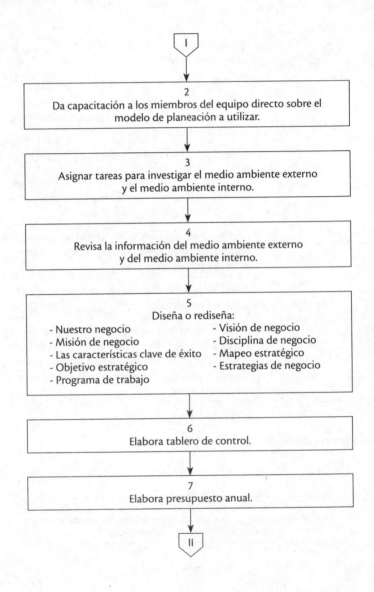

I

2
Da capacitación a los miembros del equipo directo sobre el modelo de planeación a utilizar.

3
Asignar tareas para investigar el medio ambiente externo y el medio ambiente interno.

4
Revisa la información del medio ambiente externo y del medio ambiente interno.

5
Diseña o rediseña:
- Nuestro negocio
- Misión de negocio
- Las características clave de éxito
- Objetivo estratégico
- Programa de trabajo
- Visión de negocio
- Disciplina de negocio
- Mapeo estratégico
- Estrategias de negocio

6
Elabora tablero de control.

7
Elabora presupuesto anual.

II

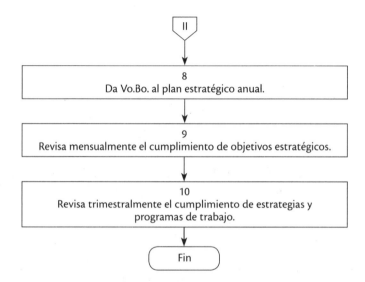

12. Registros controlados

Código del registro controlado	Nombre del registro controlado	Responsable de la retención y archivo del registro controlado	Tiempo de retención del registro
TOPTEN-PRO-61	Calificación mensual de objetivos estratégicos	Director de planeación	Tres años

13. Anexos

No.	Nombre del anexo
	Libro *Manual de planeación estratégica* de Martín G. Álvarez Torres, Panorama Editorial, 2006.

1. Índice

2. Autorizaciones

Elaboró	Revisó	Aprobó
Reynaldo Martínez Gerente de sucursal Calderón, S. A.	Jesús Calderón Director de ventas Calderón, S. A.	Alejandro Calderón Director general Calderón, S. A.

3. Bitácora de cambios y mejoras

Revisión	Sección modificada	Descripción del cambio	Fecha de modificación

4. Propósito del plan de calidad

Cerrar el ciclo de la venta dando múltiples opciones de pago inmediato al cliente para pagar su mercancía.

5. Alcance

Este procedimiento es aplicable a todos los cobros que realizan las cajeras de las sucursales de la organización.

6. Responsable

El responsable de elaborar, difundir, utilizar y mejorar este procedimiento es el director de ventas de la organización.

7. Frecuencia de revisión

Este procedimiento se revisará, cuando menos, una vez al año, en el mes de julio o antes si hay algún cambio o mejora significativos en el proceso.

8. Vocabulario

8.1 *Billete auténtico.* Aquel billete que cumple con todos los requisitos de color, tamaño, diseño y puntos de seguridad identificados por el Banco de México.

9. Enlace con documentos controlados

Código	Nᴏᴍʙʀᴇ ᴅᴇʟ ᴅᴏᴄᴜᴍᴇɴᴛᴏ ᴄᴏɴᴛʀᴏʟᴀᴅᴏ
CALDERÓN-PRO-VENTA-17	Procedimiento para hacer ventas en sucursal.
CALDERÓN-PRO-LOGÍSTICA-31	Procedimiento para entregar mercancía al cliente en sucursal.

10. Desarrollo

No.	Rᴇsᴘᴏɴsᴀʙʟᴇ	Aᴄᴛɪᴠɪᴅᴀᴅ
1	Cajera	Saluda cortés y amablemente al cliente.
2		Le pregunta cuál va a ser su forma de pago. Si éste le indica que en efectivo, continúa con el paso 3 de este procedimiento; si es con tarjeta de crédito, continúa con el paso 11.
3		Recibe el dinero por parte del cliente.
4		Coteja que la cantidad sea correcta y los billetes y monedas auténticos.
5		Toma una decisión. Si la cantidad es correcta y el dinero es auténtico, continúa con el paso 6; si esto no sucede, regresa al paso 2.
6		Imprime original y copia de la factura correspondiente.
7		Le pide al cliente que por favor revise la factura y firme en la copia.
8		Entrega la factura original al cliente y se la envía por correo electrónico.

NOMBRE DEL DOCUMENTO

Método para cobrar al cliente en una sucursal

9		Indica al cliente en qué sección puede recoger su mercancía y nuevamente se despide cortés y amablemente, agradeciéndole su compra.
10		Archiva la copia de la factura en su consecutivo para tener todo listo en el cierre de ventas diario. Aquí termina este procedimiento.
11		Solicita al cliente la tarjeta de crédito o débito y una identificación con fotografía y firma.
12		Al deslizar la tarjeta toma una decisión: si el cargo es autorizado, continúa con el paso 13; si el cargo no se realiza, regresa al paso 2.
13		Pide la firma del cliente en el voucher original para el negocio.
14		Entrega la copia del voucher, la tarjeta y la identificación al cliente. El procedimiento continúa en el paso 6.

11. Diagrama de flujo

MÉTODO PARA COBRAR AL CLIENTE EN UNA SUCURSAL
La cajera

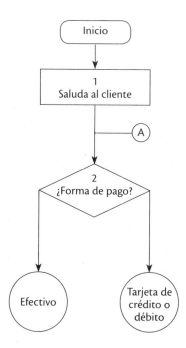

Método para cobrar al cliente en una sucursal

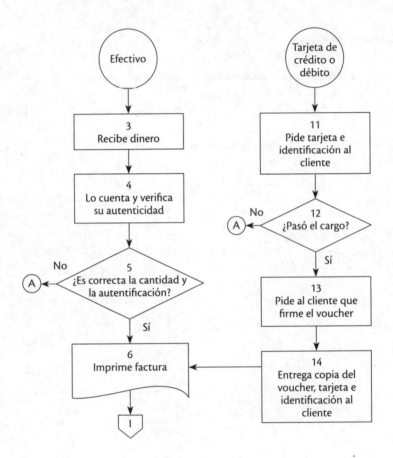

Método para cobrar al cliente en una sucursal

I

7
Pide al cliente que
revise la factura y la
firme

8
Entrega la factura
original al cliente
y se la envía por
correo electrónico

9
Indica al cliente
donde recoger su
mercancía

10
Archiva su
consecutivo de
facturas

Fin

MANUAL PARA ELABORAR MANUALES...

12. Registros controlados

CÓDIGO DEL REGISTRO CONTROLADO	NOMBRE DEL REGISTRO CONTROLADO	RESPONSABLE DE LA RETENCIÓN Y ARCHIVO DEL REGISTRO CONTROLADO	TIEMPO DE RETENCIÓN DEL REGISTRO
CALDERÓN-REG-VENTA-35	Cierre diario de ventas	El gerente de sucursal	Cinco años

13. Anexos

No.	NOMBRE DEL ANEXO
	No aplica

Estimado socio:
Con el fin de mejorar constantemente nuestros servicios y productos agradeceremos evalúe nuestro siguiente cuestionario, le suplicamos hacerlo de la forma más objetiva posible.

1. La atención recibida por el *staff* de la AMF es:

☐ Excelente   ☐ Bueno   ☐ Malo   ☐ Pésimo

2. El tiempo de respuesta a cada consulta o solicitud es:

☐ Excelente   ☐ Bueno   ☐ Malo   ☐ Pésimo

3. La calidad de los productos o servicios que me ofrece y proporciona la AMF es:

☐ Excelente   ☐ Bueno   ☐ Malo   ☐ Pésimo

4. El trámite de afiliación es:

☐ Rápido   ☐ Burocrático   ☐ Lento

5. La documentación que me solicitaron para afiliarme es:

☐ Demasiada   ☐ Suficiente   ☐ Poca

6. ¿Por qué se afilió a la AMF?

☐ Beneficios   ☐ Promoción   ☐ Otro
Especifique: _____

ASOCIACIÓN
MEXICANA DE
FRANQUICIAS

NOMBRE DEL DOCUMENTO
Formato para evaluar el nivel de satisfacción del cliente

7. Los medios de promoción, difusión y publicidad para los afiliados son:

☐ Excesivos ☐ Suficientes ☐ Insuficientes ☐ Nulos

8. ¿Conoce todos los beneficios que la AMF le ofrece?

☐ Sí ☐ Algunos ☐ No los conozco

9. Los costos de la cuota de afiliación y renovación son:

☐ Altos ☐ Justos ☐ Bajos

10. Los cursos y programas que la AMF ofrece son:

☐ Buenos ☐ Regulares ☐ Malos

☐ Excesivos ☐ Suficientes ☐ Insuficientes

11. ¿Conoce las oficinas de la AMF?

☐ Sí ☐ No
En caso que la respuesta sea negativa especifique porqué:

12. ¿Cuáles otros servicios necesita de la AMF?
Especifique:

13. En general la organización merece una calificación de:
(tomando en cuenta que 1 es el mas bajo y 10 el mas alto)

13. Autorizaciones

ELABORÓ	APROBÓ
Paola Esmenjaud Sordo Directora general Asociación Mexicana de Franquicias	Carlos Roberts Ávalos Presidente Asociación Mexicana de Franquicias

Factura No. XXX

	Lugar de expedición	
	1	

Condiciones de pago	Fecha de expedición
2	3

Datos del cliente
4

Concepto	Precio total
5	6
Subtotal	7
IVA	8
Total	9

Cantidad con letra
10

HOTEL PARAÍSO

Instructivo de llenado del formato *Factura*

1. *Lugar de expedición.* Municipio o delegación y la entidad federativa donde está ubicada la sucursal que está facturando. Por ejemplo, Cuernavaca, Morelos; estado de México.
2. *Condiciones de pago.* Opciones negociadas con el vendedor para que el cliente pague la factura correspondiente, sea al contado o crédito a 8, 15 o 30 días, etcétera.
3. *Fecha de expedición.* El día, mes y año en que se está facturando.
4. *Datos del cliente.* Conjunto de información referente a los datos fiscales del cliente: razón social completa, domicilio fiscal, colonia, código postal, delegación o municipio, entidad federativa, teléfonos y RFC.
5. *Concepto.* Producto o servicio vendido al cliente. Si es más de un concepto, se deben enlistar uno por uno. Si la cantidad de éstos no cabe en una sola factura es conveniente hacer más, tantas como sea necesario para abarcar todos los productos o servicios vendidos.
6. *Precio total.* Precio específico de cada producto o servicio vendido, antes del IVA.
7. *Subtotal.* Suma del precio de los productos incluidos en la factura.
8. *IVA.* Es el impuesto al valor agregado. Generalmente, los productos y servicios de la organización causan al cliente un impuesto de 16% sobre el precio de venta.
9. *Total.* Suma del subtotal y del IVA.
10. *Cantidad con letra.* Cantidad total facturada mostrada con letra entre paréntesis y la terminación de centavos/100 M.N. Por ejemplo: tres mil quinientos noventa y tres pesos 75/100 M.N.

1. Índice

2. Propósito de la especificación

Preservar la calidad de la mercancía exhibida y vendida en la sucursal.

3. Especificaciones de las características

No.	CRÍTICA		DESCRIPCIÓN DE LA CARACTERÍSTICA	ESPECIFICACIÓN DE CADA CARACTERÍSTICA (VALOR NOMINAL Y TOLERANCIAS; LÍMITE INFERIOR Y LÍMITE SUPERIOR)
	SÍ	No		
1	x		Verificar la apariencia física de toda la mercancía que se reciba.	100%
2	x		Asignar localización adecuada al tratarse de mercancía nueva.	100%
3	x		Registrar en el sistema, de manera inmediata, la localización de la mercancía nueva.	100%
4		x	Acomodar la mercancía según su familia.	100%

LA FRANQUICIA

NOMBRE DEL DOCUMENTO
Especificaciones para acomodar mercancía en tienda

5	x		Acomodar la mercancía en estibas que no sean peligrosas para ésta ni el personal.	100% libre de peligro
6	x		Mantener en buen estado y visible las etiquetas y demás identificaciones de las localizaciones de la mercancía.	100% etiquetado
7	x		Alimentos y bebidas.	No consumir ningún tipo de alimento y bebida
8	x		Cuidado de las cajas de mercancía.	No sentarse sobre ellas
9		x	Identificar los pasillos y áreas con letreros.	100%
10	x		Acomodo de los aparadores de nuestras marcas.	De acuerdo al *layout* autorizado por Mercadotecnia

4. Autorizaciones

ELABORÓ	REVISÓ	APROBÓ
Alfredo Pérez Jefe de almacén La Franquicia	Víctor López Gerente de sucursal La Franquicia	José Manuel Torres Director general La Franquicia

Glosario

Alcance. Descripción de cuándo o en qué casos se utilizará el documento controlado. El alcance no tiene que ver con quiénes utilizarán este documento.

Anexos. Conjunto de documentos que se adjuntan al documento controlado y se consideran indispensables para el entendimiento claro de éste. Cuando se trata de un documento controlado, no hace falta anexarlo, solamente hay que mencionarlo en la sección correspondiente.

Área autorizada. Dirección, gerencia o jefatura que tiene autorización del director general para que tenga su propio manual de políticas y procedimientos.

Característica crítica. Requisito que afecta directamente al uso correcto de un insumo, producto en proceso o producto terminado por parte del cliente. Las características críticas cuantitativas deben tener un valor numérico y un rango de variación o tolerancia. Por ejemplo, la vida útil de un foco es de al menos 2 mil horas, el tamaño de la pieza es de 50 centímetros más-menos un centímetro (es decir, el tamaño aceptable de la pieza es de 49 a 51 centímetros), la hora máxima de entrega de un pedido es a las 20 horas, etcétera. Las características cualitativas, visuales, olfativas y táctiles deben tener un patrón de referencia con el cuál compararse. Un producto que no cumple con una característica crítica, debe ser rechazado.

Carácterística no crítica. Aquel requisito que no afecta directamente el uso correcto de un insumo, producto en proceso o producto terminado por parte del cliente. Las características no críticas cuantitativas deben tener un valor numérico y un rango de variación o tolerancia. Las características cualitativas, visuales, olfativas y táctiles deben tener un patrón de referencia con el cuál compararse. Un producto que no cumple con una característica no crítica puede ser aceptado con una autorización explícita por parte del cliente.

Cliente externo. Toda aquella persona física o moral que recibe el producto de la organización. Por lo general el cliente externo paga por el producto que se le entrega.

Cliente interno. Toda aquella persona o departamento dentro de la organización que recibe el servicio de un proveedor (interno o externo). Por lo general este cliente no paga por los productos que se le entregan porque forma parte de la propia organización.

Código. Referencia alfanumérica con la cual se identifican todos los documentos controlados. Cada organización debe definir su propia codificación y al responsable de asignar y controlar dichos códigos.

Definiciones. Explicación del conjunto de palabras que se utilizan en el documento controlado y deben ser perfectamente entendidas por todos los usuarios de este documento. Si hay palabras y conceptos que son muy claros para todas las personas de la organización, tanto de nuevo ingreso como de mayor antigüedad, no es necesario agregar una definición.

Descripción de puesto. Documento que describe a detalle las actividades que realiza cada cargo o puesto autorizado dentro de la organización y, en ésta, hay alguien designado para autorizar la creación, modificación o cancelación de puestos.

Documento o documento controlado. Un organigrama, plan de calidad, perfil de puesto, una descripción de puesto, una política, un método, procedimiento, formato, instructivo de llenado de un formato o una especificación que tiene un código que ha sido revisado y aprobado y la imagen corporativa autorizada. Por aspectos prácticos, a lo largo de este manual se utiliza indistintamente la palabra *documento o documento controlado.*

Especificación. Conjunto de características de calidad (crítica y no crítica) que debe cumplir un insumo, producto en proceso o producto terminado para asegurar la satisfacción del cliente. La especificación la define el cliente en función del uso y necesidades que le da al insumo o producto; ésta incluye, principalmente, aspectos de características físicas o químicas, dimensiones, apariencia, estética, funcionalidad, resistencia, propiedades y vida útil.

Formato maestro. Conjunto de formatos propuestos por Grupo Albe para elaborar documentos controlados: organigramas, planes de calidad, perfiles de puesto, descripciones de puesto, políticas, procedimientos, formatos, instructivos de llenado de formatos y especificaciones. Si por excepción alguna sección no puede ser llenada, se pondrá la leyenda *No aplica.*

Formato. Plantilla o modelo (en papel o medio electrónico) que sirve para guardar información de carácter informativo o del control de una operación y que se rvirá como evidencia objetiva del cumplimiento de las actividades desarrolladas en un método o procedimiento ante una auditoría interna o externa, o ante la petición o reclamación de un cliente o proveedor (interno o externo).

Manual. Conjunto de políticas y procedimientos (en papel o medio electrónico) que describen el trabajo que realiza un área dentro de la organización.

Método o instructivo de trabajo. Guía detallada que muestra cómo realiza una persona un trabajo dentro de la organización. En un método sólo se incluye el trabajo de las personas sobre las cuales la organización tiene injerencia, no sobre proveedores ni sobre clientes externos. Cuando haya una interacción con algún cliente o proveedor externo, la redacción de la actividad se hace desde el punto de vista de la persona que trabaja dentro de la organización. Por ejemplo, no se debe decir "el cliente paga en la caja" sino "el cajero le cobra al cliente"; no se debe decir "el proveedor entrega el material" sino "el almacenista recibe el material del proveedor".

Objetivo estratégico. Aquel resultado cuantitativo que la organización ha definido como vital para obtener crecimiento o desarrollo organizacional en los próximos años. Por lo general, los objetivos estratégicos tienen que ver con la satisfacción de accionistas, clientes, procesos o colaboradores. Por ejemplo: ventas, utilidades, cobranza, innovación, capacitación, etcétera. Véase la metodología de Grupo Albe de planeación estratégica en la página web <www.grupoalbe.com>.

Organigrama. Gráfica que muestra la estructura de una organización, indicando claramente los nombres de los puestos autorizados y las relaciones entre jefe y colaborador.

Perfil de puesto. Documento que enlista los requisitos y competencias mínimos que debe tener todo candidato que vaya a ocupar un puesto autorizado dentro de la organización. En la medida que una persona cumpla con el perfil de puesto, se espera que cumpla mejor con la descripción y los objetivos de su puesto.

Personaje. Nombre del puesto que desempeña un trabajo dentro de la organización. No se refiere al nombre de la persona que actualmente ocupa el puesto ni al nombre del área. Por ejemplo, lo correcto es decir "el director general", no "Juan López" ni "Dirección General." Asimismo, se refiere a personajes virtuales que en un momento dado ejercen un papel. Por ejemplo, el elaborador del procedimiento, telefonista, asesor, etcétera.

Plan de calidad. Documento controlado que muestra la interacción entre proveedores, subprocesos y clientes y que resume los documentos y registros controlados involucrados en el proceso. Se usa principalmente por empresas que cuentan con objetivos indicadores y metas estratégicas.

Política. Conjunto de lineamientos, directrices, reglas, costumbres y normas relacionados con un tema en particular, que han sido autorizados por el director general o la persona designada a ello para facilitar la toma de decisiones en las actividades rutinarias. Los lineamientos o directrices son aplicables a todo el personal de la organización sin hacer distinción alguna de edad, puesto, sexo o religión, y deben indicar claramente quién aplica la política (nombre del puesto, no de la persona) y cuál es la regla o norma a seguir para hacer lo correcto, adecuado, o conveniente en cada caso. Una política se diseña para ser cumplida en 90 o 95% de los casos. Las excepciones sólo las puede hacer un gerente de área, el director general o la persona previamente definida por la organización. La política solamente dice *qué hacer* y el procedimiento dice *cómo hacer* el trabajo. A cada política le corresponde cuando menos un procedimiento.

Procedimiento maestro. Conjunto de procedimientos propuestos por Grupo Albe desde hace 25 años para elaborar documentos controlados: organigramas, planes de calidad, perfiles de puesto, descripciones de puesto, políticas, procedimientos, formatos, instructivos de llenado de formatos y especificaciones. Si por excepción alguna sección no puede ser llenada, se le pondrá la leyenda *No aplica*. Asimismo, se entendería como los procedimientos que utiliza cada organización de base para elaborar sus propios documentos controlados.

Procedimiento. Guía detallada que muestra cómo *dos o más personas* realizan un trabajo dentro de la organización. En un procedimiento sólo se incluye el trabajo de las personas sobre las cuales la organización tiene injerencia, no sobre proveedores externos ni sobre clientes externos. En caso de que haya interacción con éstos, entonces la actividad se redacta desde el punto de vista del personaje que en la organización tiene interacción con ellos. Por ejemplo, "el cajero le cobra al cliente", "el almacenista recibe la mercancía del proveedor", "el gerente atiende la reclamación del cliente", "el contador presenta ante el SAT la documentación requerida", etcétera. La política dice *qué hacer*, el procedimiento dice *cómo hacer* el trabajo. A cada procedimiento le corresponde cuando menos una política.

Proceso de apoyo. Todo aquel proceso que atiende solamente a clientes internos de la organización. Por ejemplo: administración de los recursos humanos, administración de los recursos financieros, administración de los recursos tecnológicos, etcétera.

Proceso estratégico. Todo aquel proceso que atiende a los clientes externos de la organización. Por ejemplo: comercialización, producción, distribución, innovación, etcétera.

Proceso. Transformación de insumos (materias primas, información, recursos, etcétera) en productos terminados (productos, reportes, información, decisiones, insumos para otro proceso, etcétera). Todo proceso tiene proveedores y clientes (internos o externos). Dentro de cada proceso puede haber uno o más procedimientos. Un proceso se realiza con materias primas, mano de obra, maquinaria y equipo, métodos y procedimientos y medio ambiente.

Producto. Resultado obtenido por todo proceso y por el cual el cliente (interno o externo) está esperando. En organizaciones de servicio es correcto hablar de *producto* como un sinónimo de servicio. Por ejemplo, el producto que el departamento de ventas le entrega al cliente externo es un "pedido surtido", el producto que el departamento de crédito le entrega al de ventas es una "autorización de condiciones de crédito", el producto que entrega el departamento de recursos humanos a una gerencia es *personal competente contratado*.

Propósito. Razón más importante y noble para la cual se está elaborando un documento controlado. El objetivo se obtiene preguntando "¿Para qué sirve el documento?". Es importante hacer la misma pregunta las veces que sea necesario hasta llegar a descubrir el objetivo más noble que tiene dicho documento.

Proveedor externo. Toda aquella persona, física o moral, que proporciona insumos a la organización. Por lo general, el proveedor externo cobra por el producto que le entrega al cliente.

Proveedor interno. Toda aquella persona o departamento que da servicio a clientes internos. Por lo general este proveedor interno no cobra por los productos que entrega al cliente porque forma parte de la propia organización y recibe un sueldo por dicho trabajo.

Registro controlado. Toda aquella evidencia escrita obtenida de la aplicación de los documentos controlados, que sirve para comprobar el funcionamiento y los resultados de cada proceso. Es un formato elaborado (en papel o medio electrónico) con datos e información real de lo ocurrido antes, durante y al final del proceso. El registro se refiere a los reportes, bitácoras, inspecciones, auditorías, formatos llenos, etcétera. Todos los registros controlados son almacenados por el responsable (designado durante el tiempo previamente definido por el director o gerente del área o la persona previamente designada por la organización) y estarán disponibles para su revisión, consulta o auditoría. Al término del tiempo de retención, los registros obsoletos serán destruidos.

Manual para elaborar
manuales de políticas
y procedimientos

Tercera edición: mejorada y enriquecida

terminó de imprimirse en 2016
en los talleres de Imprimex.
Antiguo Camino a Culhuacán 87, colonia Santa Isabel Industrial,
delegación Iztapalapa, 09820, Ciudad de México.
www.grupoimprimex.com